nanaの気まぐれエッセイ

~五街道を歩く~

松田よし津
MATSUDA YOSHIZU

幻冬舎 MC

nanaの
気まぐれエッセイ
～五街道を歩く～

目次

第1章　東海道五十三次　5
第2章　中山道六十九次　51
第3章　甲州街道三十二次　109
第4章　日光街道二十一次　127
第5章　奥州街道百十四次　143
後記　178

第1章

東海道五十三次

序文

全く思いもよらないひょんなことから始まった街道歩き。

新宿の本屋で、ふと目に留まった一冊の本が、事の始まりだ。

健康にと思って始めた早朝（5時）からの近くの山登りが2年ばかり続いたが、どうせ歩くなら、違ったコースを歩いたら、さぞ楽しいだろうなぁと考え、取り敢えずは、富士山の麓を歩いてみたい。そんな思いを抱いていた。

２００６年も押し迫った11月末、突如腰痛に見舞われ、１か月の養生を余儀なくされた。もう歩くことさえできないかもと、悲観していた。

翌年１月、１か月の休暇を取り、代々木に住む息子の家を起点に、慣らしに少し長距離を歩いてみるかと、玉川上水に沿って歩いてみたら、何と上流最後まで歩けた。

これなら、ぼつぼつ歩いて帰ろうか？　東京から倉敷の家に向かってである。シップを貼って、手ぶらで歩くので、負担は少ない。何とか、歩けそうな気がしてきた。

本を片手に、何も予定しないで、ほとんど予備知識もなしに、相棒と歩き始めたのである。

1

2007年1月24日（水）
日本橋〜品川宿〜川崎宿

街道の始点（終点）は、日本橋からだ。

東海道は、正式には京都が始点で終点が東京である。

「お江戸日本橋七つ立ち」と歌われている日本橋だが、今は、首都高速道路が覆って、とても賑やかな下に架かっている。


9時出発。

国道1号線の起点でもある。

国道15号線を銀座に向かって歩く。日本一地価の高い鳩居堂、銀座三越、左右を珍しそうに眺めるおのぼりさん（自分）が行く。


銀座を過ぎ、銀座新橋へ。しばらく行くと、赤穂浪士四十七士が祀られている泉岳寺だ。

品川宿に着く。日本橋より二里（8キロ）も歩いた。

これで、一つの宿はクリアーできたことになる。

気を良くして、次に進む。ここより、国道を離れ、側道に入る。何だか、美味しそうな匂いが漂ってきた。11時30分、匂いに誘われて、川沿いを行くと、鰻屋だ。カウンターだけの狭い店は、早くも席が一杯。座って注文するやいなや、大きな鰻丼がど〜んと出てきた。店を出たら、もう数人並んで待っていた。地元人気の店にタイミング良く出会ったものだ。これで、元気に歩けそうだ。

15号に戻る。その角に、鈴が森受刑者の墓がある。ひげ文字の大きな碑が立っていた。しばらく行くと多摩川だ。「六郷大橋」を渡った所が、「川崎宿」。明治天皇の碑がある。

4時30分品川から、京急で新宿へ帰る。初日ゆえ、張り切って歩いたので、足に豆ができた。

歩行距離　18キロ

2

2007年1月25日（木）
川崎宿〜神奈川宿〜保土ヶ谷宿〜戸塚宿

2日目とあって少しは歩きに自信がついてきた。しばらくすると「八丁畷」の一本道となる。畷《なわて》とは、田んぼや畑の道が、真っ直ぐ延びている道のことをいう。街道では、このような暇が随所にあり、通りの名がついている。

次に「生麦魚河岸通り」に出る。魚屋が軒を並べ、生きのいい魚が売られていた。

そして、「生麦事件」のあった、場所に差し掛かる。丁度前が、ビール工場である。薩摩藩士にイギリス人三人が「無礼者」として斬りつけられ、そのうちの一人が殺された事件である。それぞれの国の風習の違いとはいえ、あまりに残酷な仕打ちが、平然と行われていた時代である。

「神奈川宿」に入ると寺が多く見られ、そのうちの一つ「宗興寺」の境内には、ヘボン式ローマ字の創始者「ヘボン博士」の碑が立っている。横浜駅の北に位置する「神奈川宿」を過ぎ、保土ヶ谷に着く。

ここで、行き倒れて死人が多く出たという「権太坂《ごんたざか》」に差し掛かる。坂の上には、行き倒れた人を葬った「投込塚」という塚まである。行く手に学校があるが、道はそこで途切れていた。ちょうど運動場に先生がおられたので道を聞き、校内を通り抜けさせてもらった。迂回すれば、抜けられたであろうが、到底分かるはずもない道だった。道に迷ったせいもあって、戸塚の駅に着いた頃には、もう日が暮れかかっていた。ここから「湘南新宿ライン」で、新宿に戻る。
歩行距離　23キロ

3　戸塚宿～藤沢宿～平塚宿～大磯宿

2007年1月26日（金）

3日目少々疲れも出るが、元気を出して、戸塚から出発。

今日は、天気も良く、厚ぼったいコートはいらない。腰に巻いて歩く。

戸塚駅から、間もなく「戸塚本陣跡」「上方見附跡」（江戸から入る人を取り調べる）西の京都から江戸へ向かう人を調べるのは「京見附」である。それぞれ、宿場の出入り口に設けられている。

そして、一里毎に距離を記して設けた「一里塚」があり、旅の道中の人馬の無事を祈願した「庚申塚」「馬頭観音」「道祖神」などが、街道筋には多く見られる。

次に「藤沢宿」に入る。ここからは、街道松並木が続く。両側に並ぶが、二代目松も多い。茅ヶ崎には宿場はない。「茅ヶ崎一里塚」を過ぎて少し北に向かった所が、富士山が左手に見える「南湖左富士」である。街道は、東から西へと走っているので、常に富士山は北にあって、右に見える。もう一箇所左富士が見える所が吉原（静岡県）にある。期待していたが、建物が邪魔でほんのちょっとしか見えなかった。

「平塚宿」に入る。江戸口見附から始まり、脇本陣跡、問屋跡、高札場跡、本陣跡、そして出口は、「京口見附跡」と碑が並んでいる。跡ということは、今は何も残っていないということである。

次の大磯宿までは、近いので頑張って歩くことにした。道の両側には松並木が、立派に残っていた。

大磯駅は、海の近くなのだが、海は見えなかった。駅に着く頃には、夕暮れに差し掛かっていた。

日暮れた東京の街を眺めながら新宿へ。

歩行距離　約25キロ

4　大磯～小田原

２００７年１月27日（土）

朝自分のリュックを整理し、本も一緒に宅配。それが、あとで早く切り上げて帰ることになった。

今日は15キロそこらだからとのんびりしていたら、大磯に着いたのは11時頃となっていた。

今日こそ、青い海を見ながら、気持ちの良い歩きである。2時間ばかり松並木の続く街道を歩いたが、食事処が見つからない。偶然料理番組で紹介された店に出くわした。まず満足。

「酒匂川《さかわ》」を酒匂橋で渡る。川は海にすぐ注がれていて、海鳥や川の水鳥が多く混在生息しているのが分かる。

間もなく、江戸見附に入り、「小田原宿」となる。本陣が4軒、脇本陣が4軒もある大きな宿である。大抵は、本陣は、1軒のみ、あとは、脇本陣が何軒かというのが普通のパターンである。

小田原といえば、何といっても「かまぼこ」が有名だ。たかが蒲鉾というなかれ。スーパーに並んでいる蒲鉾しか知らない自分は、その値段の良さと種類の多さにびっくり！

また、外郎《ういろう》家があり（江戸時代は、薬屋だった）、あの有名な菓子の「ういろう」の元祖なのである。町筋には、それぞれの、通りの名の由来が書かれた、標柱が立っている。もう東京には戻らないので、今日からは宿探しをしなければならない。ういろう本店で、ホテルを教えてもらい、駅前に泊まる。ホテルはあまりぱっとしなかったので、この辺りは海も近いし、せめて食事は生きの良い海鮮料理を。

歩行距離　17キロ

5　2007年1月28日（日）
小田原～箱根～三島

今日はいよいよ箱根越えである。「箱根の山は天下の嶮」と歌われし難所の一つである。箱根八里というから、気を入れて、夜明けを待って、7時に出発。

国道1号を三枚橋で渡り左が箱根越えである。右に真っ直ぐ行くと、箱根湯本駅だ。以前箱根湯本の温泉街にあるソバ屋を訪れたことがあり、アニメに出てくる登場人物が住む温泉宿にそっくりの建物があったのを思い出した。きっと、そこをモデルにしたのであろうか？

さてそこから、石畳の上り坂が始まる。、今日で5回目だといって、休日を利用して五十三次を歩いている若いカップルに出会った。前後しながら、登っていった。

江戸の当時を偲ばせる石畳がびっしり敷かれて、歩くには少々不便だが、趣があって楽しい。

小田原宿と箱根宿の中間にある「畑宿間宿」の茶店に寄り、「甘酒」をいただく、その美味しかったこと。ここは、寄木細工が有名だ。途中では買わない土産だが、小物だからマグネットを2、3点買った。

道中には、休憩所として、「見晴茶屋」「甘酒茶屋」がある。「甘酒茶屋」では、お客が一杯だった。あれ〜、途中誰にも会わなかったが……。

車道（九十九折《つづらおり》になった、箱根七曲）が、あったなぁ。今日は日曜日なので、観光客が車で来ていたのだ。茶屋を過ぎ、石畳を降りると、右手に「箱根八里」の碑があり、眼下に芦ノ湖が見えてきた。もうすぐ「箱根宿」である。

芦ノ湖湖畔に着いたのは、12時だった。お昼は箱根名物「絹引きうどん」をいただく。さすがに疲れたので、店でちょっと昼寝をして、疲労回復。

さて、まだ三島までは、14キロある。頑張って出発。

立派に改修された箱根関所の門を抜け、往時を偲ばせる大木の杉並木を進む。

箱根の峠はこれからが大変な下り坂なのである。足にとっては、上りより下りのほうが負担が大きい。どんどん急坂になり、「こわめし坂」といって、あまりの急坂で、背中に背負った米が、汗で蒸されて、強飯になったという謂れのある坂まである。前足がつんのめるので、痛くなってくる。

歩きづらい石畳が幾所もあり、松並木が続き、眼下に三島の町が見えたときは、嬉しかった。だが、疲れた足は、その距離をなかなか縮めてはくれなかった。

素通りするバスを恨めしそうに見過ごして、それでも必死で歩みを進めた。が、そろそろ日が暮れかかってきた。三島駅まであと少しという所に、バス停があった。もう歩くには限界だった。しばらく待ってやってきたバスに乗ったときは、すでにどっぷりと日は落ちていた。

暗くなってからの宿探しも大変だった。外観がよく分からず泊まったホテルは、気に入るものではなかった。が仕方がない。

教訓、暗くなっての宿探しは、しないほうがいい。

歩行距離　32キロ

6　三島の町

2007年1月29日（月）

昨日2日分歩いてしまって、地図もないので、昨日カットした三嶋大社に行き町並みを散策することにした。

三島の町には、富士山の伏流水が湧き出ていて、町の中を清流があちこち流れている。「三島バイカモ」といって、藻の一種だが、ここ特有の植物がある。もう一箇所、中山道の醒《さめ》井《が》宿《い》にもある。よく見ると、楚々として小さな白い花をつけた梅花藻が、水に漂っていた。

次に、「三嶋大社」にお参りした。

立派な鳥居をくぐると、年代を思わせる大木がずらり。なかでも目を見張るのは、樹齢1200年ともいわれる「キンモクセイ」の木だ。

すぐ帰るにはまだ時間も早いので、鈍行で静岡まで行き、次回の下見をして帰倉。

7

2007年2月12日（月）
三島宿〜沼津宿〜原宿〜吉原宿

三島発9時30分。

「三島宿」は、現在は、繁華街となって、要所には石碑が立っているのみ。西に向かって歩みを進める。家々の間からも富士山が、時々顔を覗かせる。

道の両側に一里塚が残っているのは珍しいが、一つは、宝池寺の門前に復元した「伏見一里塚」、そして、玉井寺の境内には、当時のまま残っている「玉井寺一里塚」がある。

「沼津宿」、「原宿」と進む。

「松蔭寺」の松の上に、すり鉢が乗っている珍しい光景に出会う。大風で松の頂上が折れたので、腐ってはいけないと、「白隠禅師」が、鉢を被せたそうな。松は、そのまま成長し、屋根を凌ぐ高さになったが、そのまま残っている。その鉢とは、岡山備前の藩主が贈ったという、備前焼き。現在乗っているのは偽物で、本物は大事にしまってあるらしい。

富士山の伏流水が湧き出る、霊水と呼ばれる水を、汲みにくる人たちがいた。

街道筋には、樹齢何百年という古い大木が、そびえている箇所が沢山ある。

いよいよ、いつも新幹線から眺めていた景色の工場の中を歩く。モクモクと煙を上げる工場のすぐ側を通り抜ける。一度は、この裾野から富士を眺めてみたいと、長年思っていた。ついに実現したのだ。でも思ったより富士は遠かった。そして、街道二つ目の左富士を眺めながら、吉原宿に入った。

田子の浦からの富士は、絶景かな。お天気も良く堪能できた。

歩行距離　23・4キロ

8 2007年2月13日（火）

吉原宿～蒲原宿《かんばら》～由比宿《ゆい》～興津宿《おきつ》～江尻宿（清水）

今日のルートは、富士山と海が満喫できる最高の歩きだ。「吉原宿」の商店街を抜けた所に、まだ2月だというのに、庭先に桜が咲いていた。きっと、「河津桜」だろう。しばらく歩き、富士川の渡船場跡に来た。東海道初の大きな川である。車道とは別に歩道橋があるので、安心して渡れるが、自分は、高所恐怖症なので、なるべく下を見ないで、真っ直ぐ前を見て渡った。

富士川の河原に降りて、カモなど眺めながら一休み。そこから、山の手に入る所が、「岩淵間宿」である。「間宿」は、あまり宿の間が長い場合に、途中に作られていた。

東名高速道路を渡るとき見た富士山も見事だった。

東木戸から「蒲原宿」に入る。なまこ壁、連子格子の古い建物が、ずらりと並び、今も人が住んでいる旅籠の軒には、つり雛が飾られていた。自分は、このようなきれいな「つるし雛」を見たのは初めてで、感激した。

また、蒲原は、記念切手にもなった、広重の「蒲原夜之雪」に描かれたように、昔の面影をとても色濃く残している宿場でもある。西木戸より宿を出る。

次は、待ちに待った「由比宿」である。楽しみなのは、「サクラエビ」だ。まだ口にしたことがない。宿場に近づくにつれ、ちらほらとサクラエビを売る店が見えてきた。ついに町全体がサクラエビ一色に染まって、食事処に到着。丁度お昼だし、二階から駿河湾の海を面前にして、サクラエビのてんぷらをいただいた。

さて由比を出てしばらく駿河湾沿いに進むと、その先は「薩埵峠《さった》」、急坂の難所である。

薩埵峠に差し掛かるまでの坂から、海沿いに東名高速、1号線バイパス、東海道線が並んで走る様を眼下に眺めながら、そして、振り返ると雪を被った富士山がきれいに見える。こんな素晴らしい景色を一度に眺められるのは、ここしかないだろう。

いよいよ薩埵峠に差し掛かる。ふうふう言いながら登っていると、後ろから人の足音が聞こえてきた。何と足取りも軽く追いついてきた。これから山の上のビワの芽かきに行くと言う。杖のように見えたのは、棒の先に鎌が取り付けてあるものだった。60本以上あるという、ビワの手入れをするという80歳のおばあちゃんが、「6月には、また食べにおいでよ。ビワが実るから」と、笑って言ってくれた。現実的には行くことは難しいけど、その優しい言葉に、嬉しくなった。

峠を下りると、「興津宿」だ。「清見寺」には面白いことに、門と寺の間に線路が走っている。土地がなかったのだろう。庭には、家康お手植えの「臥龍梅《がりゅうばい》」があり、裏手には、「五百羅漢」があった。

今日は、見所が多く、それも距離もあり強行軍だった。あとは、「江尻宿」（清水）に向けて、ひた歩き。今は、宿場の面影はなく「清水次郎長」で有名な町だ。

歩行距離　34・5キロ

9
2007年2月14日（水）
江尻宿～府中宿

天気予報では、今日一日雨、昼からは、暴風雨になるという。昨夜傘を買って用意した。この旅初めての雨となった。上下カッパを着、リュックにビニールを被せ、傘をさしての出発。風さえなければ、大丈夫。午前中に府中まで歩いてしまおう。

江尻宿には、昔を偲ぶものは何もなく、稚児橋には、カッパの像が置かれていた。その昔、カッパがいたそうな。しばらく行くと、「追分羊羹屋」があり、久能山への分かれ道である追分の道標がある。

県総合運動場前駅の操車場に「旧東海道記念碑」が立っていた。操車場の建設で、道が分断されたので、その記念。そこから向こうへは、地下道をくぐる。

長沼駅には、「長沼一里塚」跡があり、続いて、長い松並木を通って、護国神社へとなる。

旧町名（伝馬町、門前町、鋳物師町）の書かれた石柱が、町毎に立っている。

伝馬町には、幕末の江戸城無血開城の会談が行われた「西郷、山岡の会見の地」がある。

宿場町としては、それらしいものは残っていないが、東海道最大の規模であったという。

また、珍しいものでは、「モグサ屋」という店が今でもやっていて、おばあちゃんが、丁寧に、それも素早く、艾《もぐさ》を紙に巻いて作っていた。しばし、見とれて眺めていた。

静岡駅は、少し離れているが、風雨も激しくなってきたので、今日は終了。

丁度12時だった。前回下見しておいた旅館へ直行。予約はしてなかったが、快くアーリーチェックインさせてくれた。

夕食は、宿と隣接している和風レストランで。外は嵐さながらの風雨で荒れていたが、宿も食事も満足のいくものだった。
歩行距離　11キロ

10

2007年2月15日（木）
府中宿〜丸子宿〜岡部宿〜藤枝宿

昨日の雨がウソのように、晴れ上がった。が、風は依然強く、時に横に流される。

府中を出るとすぐに安倍川に差し掛かる。手前に、「安倍川餅屋」がある。風に吹かれながら、歩道橋を渡る。二度目の大きな川渡りで、少し慣れてきた。橋の上からの富士山はきれいだ。

府中から次の丸子までは、5・6キロ。丸子の「丁子屋」のとろろ汁を楽しみにしていたのに、運悪く定休日。仕方ないので、1号線に出て、道の駅で「とろろ蕎麦」を食べる。丸子は、とろろが有名で、「とろろそば」「とろろ饅頭」などがある。一応、名物とあらば、一つでも食してみる。

「梅若菜　丸子の宿の　とろろ汁」芭蕉

宇津ノ谷峠の下りで、三度笠スタイルの旅人に遇う。旅人に会うのも珍しいが、このようなスタイルで歩いている人に出会うのは、初めてだった。

ここ「岡部宿」にも、昔の建物が残っており、高札場が再現されていた。「柏屋」といって、一般公開されている旅籠がある。中を覗くと、実物大の人形が、当時の姿で、腰掛けている。本物と見間違えるくらい巧妙な作りである。

次には、「初亀酒造」の酒屋があった。製造量は少ないが、味は旨いというので、夕食にいただいた。酒屋は、宿場毎に一軒は必ずといっていいほどある。今でも作り続けている地酒をいただくのは、歩いての旅ならではの最大の楽しみでもある。

町の中心部には、宿場の跡と書かれた看板があるだけで、それらしきものはない。しばらく進むと、常夜灯の先に集落（横内）があり、その家々には、木札で、屋号が書かれていた。今でも理解できる、そのままの名前「鍛冶屋」「提灯屋」「図面屋」「縫いこ屋」「かみゆい」「油屋」「大工」「左官屋」などの職業から、名前を用いた「橋場の家」「作さん」「はずれの家」まで、その名に、ついつい笑いが出そうな家あり、納得いく家ありと、面白かった。

次の「藤枝宿」までに、松並木が所々続いている。

今日は、ここまで。

駅前に宿をとり、まだ3時半だというのに、開いている居酒屋で、例の「初亀」を飲む。この町は、町全体の食事処が、こぞって、色々なテーマで、料理を競い合っている。今はレタス料理、夏は豆腐料理だという。今回は、両方を味わった。面白い趣向を凝らして、町の活性化に努めている。
歩行距離　21キロ

11

2007年2月16日（金）
藤枝宿〜島田宿〜金谷《かなや》宿〜日枝宿〜掛川宿

7時前から出発。

ここ「藤枝宿」も跡と書かれた看板のみ。町を出ると、すぐに「松並木」が続く。「島田宿」までは8キロあるが、ほとんどが松並木で、所々に一里塚や道標、追分などの碑が立っている。島田の町にも、宿場の面影はない。

さて、本日のメインイベントは、越すに越されぬ「大井川」越えである。とはいっても現在は、歩道橋もある橋を渡るだけだが。

その前に、橋の袂には、川越人足たちが住んでいた「大井川川越遺跡」なる町がある。何しろ、渡るには大変な場所だったわけであるから、人足たちも多く控えていたのだろう。

当時のままの姿「台所、流し、コンロ」などを残した家が、三番宿、六番宿という名で、残っている。

さて、いよいよ、ワクワクしながら、１０２６メートルの長さの橋を急ぎ13分で渡った。渡ったら、ほっとして、土手で大河をじっくり眺めた。さすがに川とは思えぬほどの広さで、悠然と流れていた。

大井川で駿河とはお別れで、近江に入る。国境は、大抵が川で隔てられている。

渡ると、新金谷駅前には、今でも動いている「蒸気機関車」がある（大井川鉄道）。

丁度昼、竹の皮でできた素敵な弁当箱に詰められた、昔ながらの「お弁当」をいただく。

大井川の対岸となる「金谷宿」は、すぐの所にある。

「金谷宿」を出るとすぐ「旧東海道石畳入口」と書かれた看板があり、上り坂となる。

この辺りは、山の急斜面を利用した茶の栽培が盛んで、見渡す限り、緑一色である。両サイドに植えられているが、南に面した斜面に、大きな字で「茶」とお茶の木で描いて（植えて）ある。この字と富士山がいつまでも一緒についてきた。

次に東海道三大難所といわれる急坂の「小夜《さよ》の中山」が、控えている。

「夜泣石」といって、妊婦が、この坂で産気づいたのだが、お金を持っていたので、金を奪われ殺された。子供は、無事生まれ、久延寺の和尚に育てられたが、彼女は、悔しさのあまり魂を石に乗り移らせ、夜な夜な泣いていたというお話だ。

まだまだこの「夜泣石」には、諸説があって、広重の絵にも描かれている。

こんな時期に、茶摘？と思ったが、芽が出やすいように、剪定であろうか？　刃先が丸くなった鎌のような機械で、葉を切り落としていた。初めて見る光景だった。

坂を下ると、「日坂宿」である。ここは、小さな宿ではあるが、昔の家が残っていて、本陣等一連の跡碑が連なっている。「塩井神社」は、鳥居と社の間を川が流れている、面白い造りになっている。

日坂から掛川までは、6・5キロ。

「掛川宿」は、城下町であるので、町中に入ろうとすると、旧街道は、「七曲」となっている。敵が、真っ直ぐ攻めてこられないようにと作られた道であるが、目印となる建物が、今はなかったり、変わったりしていて、大変である。右に、左に、また右にと、パズルを解くような感覚で歩いた。

掛川駅前にホテルをとる。ホテルの階下には居酒屋が多く入っている。山坂、山坂といくつも越えて、もうくたくたで、一歩でも動きたくない気分だった。

歩行距離　26キロ

酒の「喜平」の看板

掛川で見つけた酒「喜平」の看板に、疑問を抱いた。まさか、こんな所に？岡山、鴨方にその喜平がある。自分は、てっきり、鴨方が本拠だと思っていた。が、大きな看板を掲げた工場があった。で、酒？

相棒は、自分の行動にあきれ返っていたが、とことこと工場にお邪魔してしまった。受付で、「喜平」のことを話したら、一番奥からお偉いさんが出てこられて、実は、「平島喜平」という創始者は、この北の方の出身であると言う。岡山は、米が美味しいし、水もいいので、工場をこしらえたのだ。道理で、同じ名前のはずだ。丁寧に説明をしてくださった。倉敷では老舗の酒屋で造っている。自分も愛飲しているが、これからももっと好きになれそうだ。ありがとうございました。

12　掛川宿〜袋井宿〜見附宿（磐田）〜浜松

２００７年２月17日（土）

６時55分出発。

城下町掛川を出るとすぐ美しい松並木が続いている。約10キロの道のりだが、松並木が、両サイドにほとんどきれいに残っている。

とうとう来ました、東海道五十三次の中間地点の「袋井宿」へ。江戸から数えても、京都から数えても27番目の宿場町である。とにかく名前が面白い。最初に、「東海道どまんなか茶屋」があり、「東海道どまんなか袋井東小学校」「どまんなか寺」「へそ寺」と名づけられている。どまんなかをキャッチフレーズに町作りをしている。宿場としては、他より15年遅れてできたため、小さな宿場である。次の宿「見附」は、西から来た旅人が、初めてここで富士山を見たことから、名づけられた。静岡銀行が「問屋場跡」、その向かいが「脇本陣跡」そして、「本陣跡」「高札場跡」の奥に、「旧見附学校」がある。現存する日本最古の洋風木造建築の小学校校舎である。

「磐田駅」

磐田といえば「Jリーグサッカーチーム」があることで有名である。駅の周辺では、近代的な建物が、続々と建築中であった。磐田駅は、東海道本線の駅で新幹線は通らないので、その後の様子は分からない。

さて、今回は、ここで終わりだ。

新幹線の停まる浜松まで、鈍行で行き、評判の鰻の店で「鰻重」をいただく。外に出たら、雨がぱらぱら降り出した。丁度歩きも終わりでよかった。

帰倉。
歩行距離　15・3キロ

13　2007年3月6日（火）
見附宿（磐田）～浜松宿～舞阪宿

3回目の東海道となった。JRは順調で、9時には見附を出発。

大分旅の支度も要領を得て、下着一組、上着は薄手のパーカーと、マフラーなどの小物で、温度調節する。

今日の風は只者ではない。が元気を出して歩き出す。

見附から海に面しているため、松が植えられ、ず～っと松並木が続いており、昔の街道が整備されて残っていて歩きやすい。

東海道は、国道1号線をたどり、歩くには危なくないので、楽しんで歩ける（所々、国道を歩く）。

さて、問題がある。天竜川渡りだ。本によると、橋には歩道がなく、それも車の量は多く、容赦なく走るので、命に保証はない？とまで書いてある。はて、どうしたものかと思案していると、何とバスが走っているではないか。これで渡れば、安全だということになり、バス停毎にチェックしながら、橋に一番近いバス停で乗った。ところが、予想に反して、すでに立派な橋が架かっていて、歩道は自転車も通れる広い安全なものだった。

しまった！ もう一度渡り直そうか？ そのまま、ちょっとだけ、足を踏み入れ逆戻りしてみたが、やめた。


「浜松宿」


早速に番所跡。そのまま街道は西に延びているが、丁度お昼ということもあって、ちょっとそれて、前回味を占めた鰻屋へ足を運ぶ。今日は、舞阪まであと11キロの予定だ。

街道筋にある宿場の中心に戻る。城下町でもあって、相当大きな宿場町であったことが窺われる。今は、跡だけである。

国道を歩くことなく、旧街道を、時々松並木を気持ち良く進む。

「間宿」というのがあるが、もう一つ「立場」というのがある。今でいえば、喫茶店だろうか。「篠原立場」には、本陣までもあった。

そして、浜名湖に近づくと「舞阪宿」となる。ここは、船で渡しとなるため、宿場もしっかりしている。それに、「脇本陣」が残っている。これは、旧東海道の脇本陣では、唯一の遺構である。

今日は、舞阪で終わり。弁天島にある浜名湖を臨むホテルに泊。
歩行距離　27・2キロ

14

２００７年３月７日（水）
舞阪宿～新井宿～白須賀宿～二川宿～吉田宿（豊橋）

浜名湖では、早朝から海苔の養殖船を浮かべて作業している姿が、手に取るように見えた。朝日に輝いて、湖はきれいだ。

弁天島駅から新井町駅までの浜名湖に架かる橋の上は、電車で移動する。

渡るとすぐに「新井宿」である。ここには、関が設けられていた。関所の建物が残っているのは、唯一日本でここだけである。箱根の関所と並び、「入り鉄砲に出女」といわれるが、ことに女性には、厳しかったといわれる。

町の銀行も、造りが東海道にちなんで面白い。

「火鎮神社」を過ぎると、名の通りの「潮見坂」に差し掛かる。

と、ここで、思わぬ声が掛かった。おばあちゃんが、家から出てきて、

「寄ってらっしゃい」と、手招きする。

あのぉ〜〜、そんな悠長な時間はないのだけど……、と思ったが、よく見ると、部屋一杯に並んでいるのは、「わらじ」だ。

それも、素材は、布を裂いたもので、カラフルなこと。サイズもより取り見取り。

「わたしゃぁ、テレビに出たんだよ。『街道歩き旅の番組』に」

とあらば、寄らないわけにはいかない。御歳80歳だというが、毎日、わらじ作りに励んでいて、街道を行く旅人にわらじをあげているという。もれなく、自分たちにも「どれでも選んで、持って行きなさい」と勧めてくれた。ほんとは、紙切れ一枚でも重いので、一番小さいのを選んで、早速リュックにぶら下げた。旅の安全守りだという、おばあちゃんの気持ちをありがたくいただいた。

おばあちゃんの家からすぐ右に折れると急坂になり、潮見坂である。後ろを振り向くと、遠州灘を眼下に見下ろす景色があった。登り切った所に、「おんやど白須賀」無料休憩所があり、そこには、おばあちゃんのわらじも売られていた。また、富士山が遠くに見えたが、ここが最後となった。

曲尺手《かねんて》と呼ばれる、道が直角に折れ曲がった場所から、「白須賀宿」に入る。連子格子の建物はあるが、本陣、旅籠などはなく、「夢舞台東海道」の道標が立っているだけである。

さていよいよ、長かった静岡県（遠江）ともお別れし、愛知県豊橋市（三河）に入る。

「二川宿」は、それほど大きな宿ではないが、現在では、東海道を代表する宿場となっている。江戸時代の建物がそのまま残っている貴重な宿なのである。現在東海道で、本陣の遺構がそのまま残っているのは、草津宿と二川宿の2箇所だけである（ちなみに、山陽道では、岡山県の矢掛本陣）。

「二川宿本陣資料館」─「旅籠清明屋」が、公開されている。ここは、じっくり中を拝観した。二川から吉田まで約6キロ、1時間30分、曲尺手が始まると、吉田城入口「吉田宿」に入る。

今日はここまで、豊橋駅前ホテルに泊。

歩行距離　24・2キロ

15

2007年3月8日（木）

吉田宿〜御油《ごゆ》宿〜赤坂宿〜藤川宿〜岡崎宿

「吉田宿」は、豊橋駅の北側に位置し、吉田城（宿より100年前に築かれた）の城下町としても栄えた大きな宿で、城下町に入るには大手門をくぐり、曲尺手と呼ばれる通りを、倍も歩くだろうか。パズルを解く感覚で、楽しい。

町の中心には、ほとんど遺構は残っていない。

豊川を渡る。この橋は、「吉田大橋」と呼ばれ、東海道三大大橋の一つであった。あとの二つは、この先の「矢作橋」と「瀬田の唐橋」である。

「御油宿」は、大きな宿ではないが、本陣は4軒もあった。

御油の手前で、「姫街道」の追分がある。厳しかった新井の関を避けるために、北を迂回するルートである。

宿は、昔ながらの連子格子の家が点在するも、本陣などの面影はなく、標柱だけが立っている。宿場を出ると、見事な松並木が続く。御油から次の宿「赤坂宿」までは、1・7キロと短い。

赤坂には、江戸時代から今も続く、旅籠の旅館「大橋屋」、工芸品を売る店がある。

大橋屋の門口には、珍しいわらでできた筒が置いてあった。あとで分かったのだが、手作り花火の筒で、魔よけとして置く慣わしがあるそうだ。

昔にタイムスリップしたような町、「赤坂宿」から次の「藤川宿」までは、およそ9キロあり山間を行く。その間には、「本宿間宿」が設けられている。「近藤勇の首塚」や家康ゆかりの寺があったりする。

藤川は、「むらさき麦」が、生産されることで有名だ。丁度茎が紫色をした麦が、栽培されていた。

宿はさほど大きくなく、この先にも松並木が続いている。岡崎宿の二十七曲がり。岡崎城を持つ宿であるので、入口の冠木門をくぐると、始まる。27箇所とは、気の遠くなる数であるが、一つ一つ丁寧に進んでいった。が、途中で道が途切れたり、書いてある目印の建物がなかったりしたが、それでも、懸命に、忠実に、歩き切った。途中丁寧に教えてくれた住民もいた。嬉しかったね。

何とか、お城の近く、町の端まで来た所で、日暮れも近くなってきたので、欧風の建物のホテルに泊まる。

歩行距離　28・3キロ

16

2007年3月9日(金)

岡崎宿～池鯉鮒宿(知立《ちりゅう》)～(有松)～鳴海宿～宮宿

7時15分出発。

今日は、何としても宮宿（熱田）まで行かねばならない。ホテルを出るとすぐに、テレビドラマで有名になった、老舗「八丁味噌屋」がある。矢作川《やはぎ》近くには、味噌倉が並んでいる。

矢作川は、東海道で最も長い木橋であった。そこを渡ると、またまた松並木が続く。船板が使われた珍しい民家の塀があった。

境川で境橋を渡ると、三河から尾張に入る。

尾張に入り、国道を歩くと、中央競馬場前駅の前に「桶狭間の合戦の跡」がある。

絞り染めで有名な間宿「有松」は、見事な町並みである。どの家もどの家も、絞りののれんをかけ、往時を偲ばせる風情が漂っている。

有松からすぐの所に「鳴海宿」がある。宿場としては残っていないが、社寺が多くあり、芭蕉の供養塔やゆかりの寺がある。笠寺の一里塚は、立派な根っこで抱えられていて、すごい！

そして、ついに「七里の渡し」「宮宿」に到着。

熱田神宮の門前町として栄えた宿だが、今は何もない。

七里を船で渡ると、桑名である。渡し場は、きれいに整備されて公園になっている。

名古屋へ出て、夕食に「ひつまぶし」をいただく。

今回は、ここで尾張である。いや、終わりである。鰻もこの辺で終わり（尾張）だ。

歩行距離　32・４キロ

17

2007年4月9日（月）
桑名宿～四日市宿～石薬師宿～庄野宿～鈴鹿

今回で4回目（最終回）となった東海道だ。京都を目指していざ出発だ。

岡山6時の新幹線で名古屋へ。待ち時間なしで、桑名に到着。

「その手は桑名の焼蛤」との謳い文句は、よく聞く。夜の酒の肴にしようと蛤の「佃煮」を買う。何しろ、食べ物を買うときは、よほど考慮しなければならない。すぐ食べるものか、嵩《かさ》がなく軽いもの。そして、早くに食してしまえるもの。

「九華公園」（桑名城跡）の桜が丁度満開だった。七里の渡し場に近い所にあり、良い時期だった。

宮と並び、渡しがあるため、大きな宿場であったようだ。船着場もしっかり残っていて。大きな鳥居も立っている。

宿をはずれると、復元された「火の見やぐら」のある「矢田立場」に来る。「貝弁川」に差し掛かる手前に、立派な常夜灯が立っている。

四日市までは、12・5キロとかなりあるが、国道をはずれて歩くので楽だ。所々に点在する道標や一里塚、常夜灯といつもの変わらない景色が続く。

「四日市宿」は、伊勢参宮の出入り口であったので、賑わっていたらしいが、今はその面影はほとんどない。

しばらく先に進むと、「日永追分」がある。「追分饅頭」(酒饅頭)をいただいて、一服する。

「杖衝坂」という、かなり急勾配の坂に差し掛かると、「大和武尊」の「血止社」というのがある。賊を成敗した際、負傷して、剣を杖にして、坂を登ったといわれる。杖衝坂を詠んだ、芭蕉の句碑もある。

「歩行ならば　杖つき坂を　落馬かな」芭蕉

次の庄野宿までは、2・7キロとすぐであるが、今日の宿となるホテルは、鈴鹿の町にしかなく、そろそろ日暮れが近づいてきた。近くに見えて遠いのが、町の明かりであろうか。

歩行距離　29キロ

18　2007年4月10日（火）
庄野宿～亀山宿～関宿

7時30分鈴鹿出発。

3キロほどの道のりを昨日の「庄野宿」まで戻る。

今日は、明日が鈴鹿峠なので、手前の「関宿」まで行けばいい。随分と楽である。

「庄野宿」は、かなり小さな規模の宿だった。本陣跡は、集会所となっている。

次の亀山までおよそ8キロ。

お昼にはまだ早いが、「松坂牛」の看板に釣られて、牛肉ランチを食べる。

さて、次の亀山は城を持つ宿であり、江戸口門から入ると、くねくねと枡形の道になっている。

亀山城に登ってみる。城には、京口門跡、石垣に冠木門、白壁などが残っていて、立派なものである。

石垣に腰掛けて、町を見下ろした。その数日後に地震が発生し、その石垣が崩れたと報じられた。危機一発だった。

また城前の小学校も立派な城?である。校門が白塀で城風で、学校へ行くのが楽しくなりそうだ。丁度下校時間で、2年生の男の子と連れ立って帰った。この先に饅頭屋があるので、そこまで一緒に行くと、何と、偶然そのお店の子供だった。

「帰りました。お客さんだよ」

隣は、樹齢400年という大きな椋《ムク》の木が植わっている「野村一里塚」だった。そこに腰掛けて饅頭を食べる。


さらに進むと、「大岡寺畷」が続く。桜の花が咲く鈴鹿川べりの畷を、のんびりと歩く。関のお万の「もたれ松」を右手にとって入ると、東の追分である。ここから始まる東西1・8キロの江戸の町並みを、「町娘」になって歩いてみる。

国の重要伝統建造物保存地区に指定されていて、通りに電柱はない。向かい手に迫る鈴鹿の峠を仰ぎ見て、旅人がここに宿泊したという、大きな宿場であった。もちろん自分たちも今日は、ここ関宿に泊まることにしている。

また、町には、往時を偲ばせる建物の銀行、郵便局、高札場などが、ずらりと並び、全く江戸にタイムスリップしたようだ。

関の宿は、東海道の中では、最も江戸らしい印象深い宿場であった。

歩行距離　16・6キロ

19

2007年4月11日（水）
関宿～坂下宿～土山宿～水口宿

関の朝は、清々しい空気に包まれて、さながら江戸の町民になった気分だ。

今日は、難関？　鈴鹿の関が控えている。元気が湧いてくる。

まずは、峠の麓「坂下宿」へ。前方にドンと控えし鈴鹿が、さも「難所だよ、心して臨めよ」と、言っているかのようだ。

関の宿を出ると、上りになり、民家もぱらぱらで、鈴鹿の真下に位置する坂下宿に続く。「坂は照る照る鈴鹿は曇る、あいの土山雨が降る」という鈴鹿峠を歌った鈴鹿馬子唄の資料が展示されている「馬子唄会館」の前から、53の宿の名前が書かれた木柱が並んでいる。思い出しながら、一つ一つ読んでいく。坂下宿には、昔賑わった面影はほとんどなく、ひっそりとした村に変わっている。

「片山神社」から本格的峠越えが、始まる。

杉木立が続くと、苔むした石畳が始まる。それは急坂で、つるりと滑りそうで、用心しながら、上っていった。

一度、国道を横切ると、「芭蕉の句碑」がある。

「ほっしんの　初《はじめ》に越ゆる　鈴鹿山」芭蕉
が、難所といわれた割には、「あれ〜、もう頂上なのか?」と、予想外に早く、上り詰めていた。杉木立の中に平坦な茶畑が広がる道となった。頂上には、大きくて立派な「常夜灯」が、村を見下ろすように立っていた。

下りが終わると、1号線に合流。しばらく歩くと、「鈴鹿馬子唄の碑」が立っている。第二名神高速道路の建設中の橋桁をくぐり、歩いていると、珍しく街道歩きの一人旅をしている人に出会った。

三重県から滋賀県（近江）甲賀市に入る。

次の「土山宿」に入る手前に、「田村神社」とその向かいに「道の駅あいの土山」がある。丁度、お昼で立ち寄り、「ニシンそば」を食べる。街道筋には、ソバ屋が多く見られる。

「土山宿」は、連子格子の建物が並ぶ、江戸の風情をしっかり残した町並みである。

家々の庭は、春爛漫の陽気の中、桜の花が咲き誇り、庭木は、きれいに色づいていた。歩いていても気持ちのいいものである。

「水口宿」に入ると、面白いことにそこから街道筋が3本に分かれている。約1キロほどの道のりがある。迷った挙句に、からくり時計がある真ん中の道を選んだ。

また水口宿は、「曳山祭」で有名だ。昔は、30基もの山車が出たという。今でもいくつか山車庫があって、祭は4月に行われるようである。

そして、もう一つ有名なのが、広重の絵にもあるように、「ひょうたん」である。

初めて知った知識で、結構何も知らないで歩いているものだ。

歩行距離　26・7キロ

20

2007年4月12日（木）
水口宿～石部宿～草津宿～石山

7時30分出発。

明日は天気が崩れそうなので、次の石山まで歩くつもりでいる。

昨日の残り水口城跡、宿場の面影をたどりながら進むと「美冨久酒造」の酒蔵がある。

「泉一里塚」には、変わった墓がある。土饅頭の上に墓標を立てたもので、昔の塚らしい。その先に、「横田の渡し」がある。大きな常夜灯がその跡である。

次に前方にトンネルが見えてくる。その上は、大沙川の「天井川」となっている。川に潜って？上に上がってみる。今は川は流れていない。その傍には、樹齢750年といわれる、巨木の杉が立っていた。面白いのは、目の前の木があまりに大きいので、気づかなかったことだ。人は、時として、近すぎたり大きすぎたりすると、目に入らないことがあるものだ。

いよいよ、「石部宿」に到達。「石部金吉」で名を馳せた地である。

京から出発すると、最初の宿にあたる宿場に石部金山（実際は銅を産出）があり、賑わいを見せたその面影はない。

草津宿の手前に「旧和中散本舗」がある。くぐり門から、昔佳人が出てきた。いまだに住んでいる様子。

草津宿は、本陣が残る貴重な宿である。公開されている（田中七左衛門本陣）ので拝見する。

「急がば回れ」の語源となった、八橋《やばせ》の渡しがある。

「武士《もののふ》の　やばせの船は早くとも　急がば廻れ　瀬田の唐橋」

と、詠われた追分でもあり、「姥《うば》が餅《もち》」が有名だ。

さて、真っ赤な欄干を渡ると、琵琶湖の先端に近い、白い「瀬田の唐橋」を渡る。この橋は、あとで分かったのだが、「三条大橋」とよく似ている。瀬田は新しく、三条は古く昔のままだ。

今夜は、東海道中最後となった石山駅前のホテル泊。紹介してもらった焼肉屋で、祝杯を一献傾けた。最後の晩餐となる。
歩行距離　35キロ

21　2007年4月13日（金）
石山～大津宿～三条大橋

石山7時30分出発。

予報は外れて、お天気になった。日頃の行いが、物を言うらしい。

琵琶湖沿いに北へ上がると、膳所城惣門跡がある。今日は、たっぷり時間があるので、湖畔に降りて、しばし海のような広い湖に架かる近江大橋を眺める。素晴らしい眺望である。

しばらく行くと、「義仲寺」がある。木曾義仲と義仲を慕い続けた芭蕉もここに葬られている。


「旅に病んで　夢は枯野を　かけ廻る」芭蕉

「大津宿」は、東海道の中では、最大の人口を抱えた大きな宿場であった。が、今は町と化して、どこからどこまでが宿場なのか、所々に跡碑が立っているのみで、往時の面影はない。

逢坂を越えると「分社」があり、坂の頂上には、「逢坂の関跡碑」が立っている。古来和歌に詠われた「逢坂の関」は、ここである。山科追分までは急勾配となる。これが、最後の峠、「日ノ岡峠」だ。

坂を転げるように下ると、もうそこには、京の町が眼下に迫っている。

いよいよだぞぉ～。気分も高揚してくる。時間はある。ルートをちょっと外れるが、南禅寺の「湯豆腐」だろう。これを食べずして帰るわけにはいかない。お寺の前にあるお店でコース料理をいただく。

三条大橋までは、あと1・5キロ。町中であるにもかかわらず、依然連子格子の家が並び、道標、明智光秀の首塚などがあった。

遠くに橋が見えたときは、感激！　小躍りしたくなるほど嬉しかった。で、あんなに楽しみにしていた、道路の反対側にあった「高山彦九郎」の像を見逃してしまった。

元に戻りたくないので、そのまま橋を渡った。

道中一枚もツーショットの写真を撮らなかったが、ここで初めて最後の写真を撮ってもらった。

13時30分到着。

あと書き

遂にやってしまった！

1月に始まって、4月まで、4回4か月にわたり20日間、江戸から京まで、約500キロの道のりを、歩き切った。それも、ほとんど、昔の街道を忠実に手抜きしないで。

ほとんど、詳しい知識も資料もなしで、ただ、本とネットのHPを参照にコピーをして持ち歩いた。

結局、道中は、腰痛もあって、リュックも何も持たないで、カメラ一つぶら下げての歩きだった。

足にはもちろん豆ができて痛み、特に足の爪に至っては、剥がれるまでになった。それでも、半月すると癒えてきて、また歩く。腰と肩には湿布を貼り、そんなことを繰り返しながら、それでもやればやれるものだと、自分ながら感心する。

終わってしまったら、次は？

中山道でしょ！

第2章　中山道六十九次

序文

東海道を歩くことができた。調子に乗って、次は、「中山道」を歩こう。中山道は、東海道のように、大きな町があるわけではない。

「旧中山道」を、「一日中山道」（いちにちじゅうやまみち）と読んだ人がいたらしいが、まさに、道中は山の中の道である。

今度は、東海道のようなあやふやな思いではなく、歩き抜いてやろうという意気込みで臨んだ。

1

2007年5月14日（月）
日本橋〜巣鴨

日本橋出発。

二度目となる日本橋の起点の旅である。そこには、日本の道路の元標というのがある。そして、主要都市への距離を記した石碑もある（里程標）。


日本橋〜巣鴨。

西の京に向かって歩くのに、突然北に向かってそのルート（17号線）は始まる。

今日はお天気も良く、爽やかな風が心地良く、道縁に咲くポピーの花が、可愛く揺れていた。

「日本橋三越」から「今川橋」を過ぎると、神田駅に突き当たる。「昌平橋」を渡り、神田明神下で左折、右手にかの有名な「神田明神」がある。丁度今日5月14日は、明神薪能が行われる日であった。


本郷に入ると、東大の赤門、正門と続く。

今日は、最初の「板橋宿」の手前、巣鴨駅で終わる。
歩行距離　9キロ

2

2007年5月15日(火)
巣鴨〜板橋宿〜蕨宿〜浦和宿〜大宮宿

8時巣鴨を出発。
すぐに地蔵通商店街に入る。シャッターに街道の絵が描いてある。

いつのまにか、中山道最初の宿場、「板橋宿」だ。

「板橋」の語源は、昔は橋が板でできていたからだ。

仲宿商店街の終わり頃に、「縁切榎」という名の大木がある。この下を通ると、不縁になるといわれ嫌われ、女の人は避けて通っていた。皇女和宮が通ったときは、菰《こも》をかけたといわれる。「志村の一里塚」は、両サイドが残っている、江戸から三番目に当たる。その先に、「大山道の道標」と、「庚申塚」がある。ここからが、富士山、大山に行く分岐点となっている。

街道らしい昔ながらの竹箒や、蓙《ござ》を売っている店があった。

次に進むと、最初の大河荒川の戸田の渡しである。今は、河川敷をスポーツ場として、多目的に利用している。また、戸田の漕艇場としても有名である。

国道を進み、旧道への入口からが「蕨宿」となる。「くすりや」「萬壽屋」の文字が見られ、街道らしい佇まいだ。

11時31分。お昼には、ちょっと早いが、鰻屋を見つけた。以前、荒川のこの辺りでは、鰻が捕れていたらしい。

六辻水辺公園を抜け、住宅街が終わった所で、「焼米坂」に差し掛かる。保存食として、米を焼いたものを、湯で戻して食したという。現在の「雷おこし」は、これから生まれたものらしい。

埼玉の名物「いもの紅赤」は、ここが発祥地だ。

「浦和宿」は、宿場らしくなく、何となく過ぎていき、派手な建物が並ぶさいたま新都心駅を通り、大宮まで、力を振り絞って歩く。

大宮到着4時。
歩行距離　20キロ

3　大宮宿〜上尾宿〜桶川宿〜鴻巣宿〜熊谷宿

2007年5月16日（水）

大宮駅より出発。

17号線より一本入った旧道を行く。氷川神社まで、ケヤキ並木が続く。

宮原駅辺りが立場があった所である。

馬喰新田不動尊、中山道碑と続き、下上尾のバス停からが「上尾宿」入口である。

高崎線上尾駅手前が本陣跡で、この辺りが宿場として栄えた所。

今はほとんど何も残されていないが、「氷川鍬神社」が残っているくらいだ。

農機具の鍬や鋤を作る職人が多くいたことで、「鍬神社」という名の神社が建てられたようだ。

次の「桶川宿」へは、3・7キロと短く、宿は木戸跡から始まっている。

町の中心に「中山道宿場館」があり、お休み処、観光案内所となっていて、ちょっと、覗いたら、「まあまあ、ゆっくり休んでいらっしゃい」と、お茶を出してくれるは、おまけにビデオを見ていってと、サービス満点だ。が、そんな悠長な時間は、持ち合わせていないので、そそくさと引き上げた。

桶川で有名なのは、「紅花」である。良質の紅花が産出され、多くは京都へ着物の染料として、運ばれていた。自分もその後栽培してみたが、気候が合わないのか、失敗に終わった。

次の「鴻巣宿」までは、約7キロ、2時間ばかり、変化のない直線道路を進む。辺りには、所々果樹園や田畑が広がっている。

鴻巣は、人形の町として有名である。雛人形や五月人形店が、軒を連ねている。

昔は、「氷川神社」の境内の大木に、多くのコウノトリが巣を造っていたらしい。随分鳥の世界も住みにくくなったものだ。

「熊谷宿」までは、16キロもある。4時間は、たっぷりかかる。さすがに、昔の人の足でも長かっただろうから、「間の宿」「立場」があった。

荒川の土手「熊谷堤」を5キロばかり歩く。遠くに熊谷の街を見下ろしてはいるものの、なかなか距離は縮まらない。土手が終わって、荒川の源流に近い所で「ムサシトミヨ」という、この場所の清流でしか生息していない珍しい魚がいるというが、姿を見つけることはできなかった。

熊谷駅着17時。

歩行距離　36キロ

4

2007年6月4日（月）
熊谷宿～深谷宿～本庄宿

熊谷駅発8時15分。

駅から「熊谷宿」までは、少し町を歩く。まず、本陣跡があり、右手に熊谷直実の墓所「熊谷寺《ゆうこくじ》」がある。熊谷といえば、「くまがいそう」を思い浮かべる。「あつもりそう」と並んで、希少価値のあるラン科の野草である。


「深谷宿」

昔の面影を今に残しており、大きな常夜灯が立ち、旧家もある。珍しい「かご細工」の店があった。

もう一つ、深谷は「深谷ネギ」で有名だ。

「本庄宿」

深谷から本庄までの10・７キロ、左右の家並みや風景を楽しみながらの歩みは、その距離の長さを感じさせなかった。今日の終点は本庄駅。

歩行距離　22キロ

5 ２００７年６月５日（火）
本庄宿〜新町宿〜倉賀野宿〜高崎宿

本庄駅出発。

駅から17号にぶつかったところが、本陣跡（田村本陣）である。が、今は少し離れた所に移築され、保存されている。

「神流川《かんな》の合戦」

埼玉県と群馬県の県境に流れる「神流川」は、滝川一益が本能寺の変で信長の仇を打とうとして、北条氏と相対し、盛夏の中死闘を繰り広げた合戦場である。

「新町宿」

スリーデーマーチの発祥地だと知る。今では、全国至る所で、催されている。自分が住んでいる倉敷でも、3月中旬に「ツーデーマーチ」が行われている。

高崎から伊勢崎までは、「サイクリングロード」が整備されていて、歩きやすくなっている。土手の上を左手に「鉛筆工場」を見ながら歩き、河原の広々とした光景を眺めながら川を上り、烏川を渡ると高崎市だ。

「倉賀野宿」

新町宿から約6キロで倉賀野宿に入る。

安楽寺には、室町時代の板碑（石で作った卒塔婆のこと）が残っている。これは、非常に貴重なものといえる。

「高崎宿」

倉賀野から約6キロで、高崎に到着。高崎駅前に泊まる。

歩行距離　20キロ

6　２００７年６月６日（水）
高崎宿～板鼻宿～安中宿～松井田宿～横川

「高崎宿」

高崎といえば、「だるま」で有名。だるま工房が何軒もあり、初めて工程を見る。また色んな大きさ、表情もあり、興味が湧く。

高崎は城下町でもあり、随分と賑わい、活気のあった宿場であったようだ。

また「山田文庫」は、現在も図書館として残されている。ここからは、草津温泉へ抜ける道標もある。この辺りの道祖神は、男女二人の「双体道祖神」が目立つが、時に変わった三人のものもあった。

「板鼻宿」

板鼻宿は、碓井川の渡しで、大雨のときは足止めもあり、結構賑わいを見せた宿場でもあった。「少林山達磨寺」がある。

碓井川に架かる鷹巣橋を渡ると、突き当たりの山裾に、カドミウムの公害で話題となった「亜鉛工場」が見える。

「安中宿《あんなか》」

宿場には、「旧碓井郡役所」や、安中藩武家屋敷を復元した建物などが保存されていて、見所がある。また、同志社大学の創始者「新島襄」旧宅があり、一般公開されている。

次の「松井田宿」までは、9・5キロ。

「日本最古の駅弁」

しばらく左に妙義山を眺めながら、山裾を進むと「横川駅」にやって来た。今日の終点である。お昼はとっくに過ぎていたのだが、どうしても食べたい「峠の釜飯」がお目当てだった。本家の釜飯が本場で食べられるとあって、自分だけ盛り上がっていた。

駅前には、もう廃線になった「アプト式」の歯車に使われていたレールが、排水溝として、使用されていた。

信越本線横川駅より高崎駅へ戻る。

歩行距離　27キロ

7

2007年6月7日（木）
横川〜坂本宿〜碓氷峠〜軽井沢宿

朝もやのかかる妙義山を眺めながら、ターミナル駅横川駅へ。

横川スタート。

すぐに「碓井関所の門」がある。これは、碓氷峠にあったものを移築したものだ。長野新幹線ができたため、今では廃線になったが、レールの跡やトンネルの跡が残っていて、「アプトの道」として残してある。

「坂本宿」

中山道最初の難関碓氷峠に差し掛かる前の宿場である。これから坂が始まる場所であったため、「坂本」というようになったという。泊まり客も多く、賑わった宿場である。家々の軒には屋号が掲げられていて、一目瞭然で何屋さんかが分かる。本陣は残っていない。

「碓氷峠」

いよいよ碓氷峠だ。まずは、丸太を渡した階段から始まる。すぐにブッシュに入る。昼間といえども、うっそうとした林の中を突き進む。時々倒木があったり、ごろごろ石があったりする。そんな道なのに、「安政《あんせい》の遠足《とおあし》」といって、安中城跡から、熊野神社までの29キロの山道マラソンが行われている。

途中、火成岩が冷却、固結するときに亀裂ができて、自然に四角や六角に割れた「柱状節理」の石があった。

今まで歩いていて、旅人に会うことは珍しく、中山道で初めて一人歩きの旅人と会った。久しく会わなかった鳥の声が、森の遠くから聞こえてきて、嬉しくなった。ちなみに、「ツツドリ」「ミソサザイ」「ホトトギス」「キビタキ」など。

峠には茶屋があり、一服茶とお団子をいただき、ほっとする。こんな厳しい山道を越えてきて、昔の人もきっと、心も体も安らいだのだろうと思われる。

その先に、マラソンのゴールとなる「熊野神社」がある。

さて、ホッとしたところで、まだ先の難所が待ち受けている。

軽井沢までの4キロの間に、熊が出ると看板に書いてある。あいにく、鈴を持ち合わせてないので、大きな声で、「森のくまさん」の歌を歌ってみた。

うっそうとした森の中を突き切ると、辺りが明るくなって、橋を渡った所で、一番奥に当たる別荘が見えてきた。やっと、軽井沢にやってきた。

「軽井沢宿」

長野県に入る。旧軽井沢の町並みは、「軽井沢銀座」と呼ばれるだけあって、平日でも人が一杯である。

しばらく旧軽を散策していると、雨が降り出した。この辺りは、気候の変化が激しい。さて、今夜の宿は決まっていない。何軒かに電話を入れると、結婚式場だが、宿泊もできるという。

雨に遭うと、何となく寂しく感じる。せめて、宿が決まって一安心。

歩行距離　20キロ

8　軽井沢宿～沓掛宿～追分宿～小田井宿～岩村田宿～塩名田宿～佐久平～東京

2007年6月8日(金)

朝もやの中、浅間山を前方に仰ぎ進む。

軽井沢から4キロほどで「沓掛宿」に至る。

沓掛とは、難所に差し掛かる手前で、わらじを新しいのに履き替えて、木などに掛けていた場所で、疲れ知らずで歩けるといわれていた。また、貧しくてわらじを持たない人が、そのわらじをもらって、履いたともいわれる。だから、沓掛という名の場所は、各地にある。

4キロほど進むと、「追分宿」となる。

「追分宿」

中山道と善光寺道との分かれ道である。当時の善光寺参りは、伊勢参りに匹敵する詣ででであった。ここら辺りの宿の間は、4キロ前後で、約1時間ほど歩けば休憩と、かなり楽だ。

「小田井宿」

女性に好かれた中山道。東海道には、縁起の悪い「切れる」（今切りのわたし）「去る」（さった峠）等の地名が多く、また、渡しが沢山あったことから、中山道を行く女性が多かったそうだ。ちなみに皇女和宮もそんな理由から、中山道を選んだといわれる。

また小田井宿には、「飯盛り女」がいなかったこともあって人気の宿場だった。

「岩村田宿」

ここにある「龍雲寺」には、あの風林火山で有名な武将「武田信玄」が眠っている。

「塩名田宿」

「千曲川旅情の歌」の千曲川は、かなり曲がりくねった急流であったので、足止めに遭うと、宿場は大変だったようだ。川幅はさほど広くはないので、舟橋といって、船をつないで渡ることもできたようだ。その船をつなぎとめる「舟つなぎ石」というのがある。石に穴を開け、ロープをつないだ。

果樹園が続く畑道を歩いていると、にわかに雲行きが怪しくなり、雷雨となった。慌てて農家の軒先で、カッパを着こんでしばらく待ったが、やみそうにない。それにさっきから、足が痛いと思って、靴を脱いで見ると、親指が真っ赤に血で染まっていた。爪が今にも剥がれそうで、もうこれ以上無理することもない、雨も激しくなるばかりだし、それに先に進んでも、雷を避ける建物も何もない。すぐ手前の自動車教習所まで引き返すことにした。

自分が、今どの辺りを歩いているのか？　電車の路線がどうなって、最寄りの駅がどこなのか？　全く見当がつかなかった。教えてもらった一番近いという新幹線の駅「佐久平」にタクシーで向かった。一気に東京に戻った。

明日も明後日も雨らしい。それに、足も休めなければならない。

歩行距離　23キロ

9

2007年6月11日（月）

塩名田宿～八幡宿～望月宿～芦田宿～長久保宿～和田宿

9、10日と2日間は、のんびり時を過ごした。足の痛みも和らいだ。
明日からは、難関の和田峠を控えているので、麓の和田宿までは行きたい。

東京からの出発だと時間的にかなり無理なので、佐久平の駅前に前泊とする。

お陰で、長野では馬刺しが旨いというので、居酒屋でご賞味。

その所々の名物をいただくのは、嬉しいものである。


佐久平の駅から、早朝タクシーで、前回の最終地、佐久自動車教習所まで戻る。

今朝は、3日前の大雨とは打って変わって爽やかな快晴である。


「八幡宿」

塩名田宿から八幡宿までは、3・5キロと中山道宿間では、最も短い。

次に瓜生坂に差し掛かる。中山道には、東海道には見られない「双体道祖神」「祝言道祖神」と二体が彫られた道祖神が目立つ。仲良く道中の無事を祈って造られたのだろう。

「望月宿」

古くは、朝廷の牧場であったことから、「駒引きの義」が行われていた。馬にちなんで、賑わいはあったようだ。今でも古い家が多く残っている。

駒つなぎの石、下駄が看板として掲げてあったり、なかなか古い面影を残していて面白い町だ。旅籠の「大和や」は、最も古い建物である。予定では、今も営業している旅籠旅館に宿泊するつもりだったが、前回の雷ハプニングで変更。今日は、和田宿まで行くことにしている。町の中心には、「歴史民族資料館」もあり、宿場の保存に力を入れている様子が窺われる。

「茂田井宿」

酒が美味しいことで知られ、「若山牧水」もこの地を愛したといわれ、碑が立っている。「大澤酒造」は、今では「民族資料館」として、一般公開されている。玄関先には、大きな釜が置いてあり、昔の姿を展示してある。

「芦田宿」

「茂田井宿」を過ぎると、また急な上り坂「石割坂」となる。

急な下り坂が終わると、芦田川を渡り、再び上り坂、そして「芦田宿」に入る。早速に、本陣土屋家、味噌・醤油屋の酢屋茂家、その向かいには、脇本陣山浦家跡、そして、うだつがある金丸土屋旅館と並ぶ。なかなか趣のある町並みだ。

皇女和宮の輿入れの様子が、銅版に彫られている。大変な山道であったに違いない。トイレも街道にちなんで、茅葺で作ってある。

「長久保宿」

約2キロの九十九折坂を下り、五十鈴川を渡ると、長久保宿だ。門だけが残る本陣があり、向かいには、「釜鳴屋」と呼ばれた酒屋がある。二階には、本うだつが上がっている。

＊うだつには、「軒うだつ」といって、二階の軒下の部分に上がっているものもある。もちろん、うだつを上げるということは、裕福である証拠となった。「うだつが上がらない」という言葉は、ここから来ている。

「和田宿」

初めて「ほうとう」をいただく。太いうどんと、野菜具沢山で、主役はカボチャである。最初、カボチャだとは知らなくて、混ぜると中から黄色い汁が出てきて、びっくり。

和田峠は、中山道のなかでも難所であった。標高も１６００メートルと高所で、道幅も狭かった。それに、次の下諏訪宿までは、21キロと長く、一気に越えなければならなかった。冬は雪に覆われ、道を失うこともしばしばあったという。そんな、峠の麓にある宿場だったので、相当賑わったとみられる。

旅籠や和田本陣等は、復元されたものである。本陣は、皇女和宮が泊まるため、急遽こしらえたものだ。

初めて旅籠に泊まる

宿場の中心地にあった旅籠、今でも旅館を営んでいる。ここまで来たら、そこしかないのだ。もちろん、バスもタクシーも電車も馬車もない。引き返すことはできない。といって予約しているわけでもない。こんな時期、だぁれも泊まる人などいないに違いない。とにかく行ってみよう。

ところが、当ては大きく外れ、とんだ目に遭おうとは。

まずは、玄関を開けると、そこには土間が広がっていた。

こりゃぁ、相当古そうだなぁ。奥から、出てきた宿の人に、

「今夜一晩泊めてください」と言うと、

「せっかくですが、一杯ですので、ダメです」と言う。

ガァ〜ン、そ、そんな……。

それでも、しつこく、「どこでもいいです。この玄関でも、土間でも」と言うと、奥に引っ込んでいった。

「そこまで言うなら、その代わり、食事はありませんよ」と、冷たく言われた。

「はいはい、それでもいいです」

こういう役は、すべて自分に任されている。その旨を相棒に告げると、しぶしぶ入っていった。館内を案内してくれるのだが、二階に上がる階段はギシギシときしみ、手摺りは、グラグラしている。部屋は、3部屋あり、真ん中に案内された。両サイドの部屋は、襖だけで仕切られていた。なんだ、部屋は空いているじゃないか、と思ったが、きっと、真ん中は、クレームが出そうな感じなので、使わないのかもしれないと思った。さて、階下のトイレに案内されると、昔ながらの「とっぽん」、すなわち、ため式である。昼間は何とかなるが、夜中は、とても一人では、怖くて用が足せそうにない。そして、風呂だが、まだ早いので、この村には、「湯遊パーク」といって、温泉がある。歩いて10分ほどなので、そちらを利用してくれという。そこには、食事をするレストランもあるから、丁度いいやと、喜んで出かけていった。ところが、話はそう甘くはない。今日は月曜日で、お風呂には入れるが、レストランはお休みだという。そうだ、帰りにラーメン屋があったなぁ、あそこにでも寄ろうかと行ってみると、何とそこも月曜日は定休日。ついてないとは、このことか。もうお手上げだ。そうだ、宿の隣に雑貨屋があった。そこなら、何か食べるものがあるかもしれない。寄ってみると、食べられそうなものはパンと果物（バナナ）があった。とにかく、口にできるものなら何でもいいや、と買ってきて、部屋で食べた。お昼にボリュームある「ほうとう」を食べていたお陰で、何とか飢えずに済んだ。欲は言えない、布団の上で寝られるってことが、こんなにもありがたいことかと身にしみて感じた。だが、夜中両サイドのいびきの大合唱で、いささか寝不足気味。

あとにも先にも経験できない、ここ和田宿の記憶は、深く心に刻み込まれた。

それに、教訓として、泊まる宿が一軒しかない所は、予約をすべし。

明日は、何としても、峠を超えて下諏訪まで到達しなければならない。
歩行距離　25キロ

10　和田宿～下諏訪宿

２００７年6月12日（火）

「和田一里塚」は、江戸から50里（２００キロ）である。

国道１４２号は、極端に道路幅が狭い。もちろん歩道なんてない。危ないといったら怖くて歩けない。その上、トラックがビュンビュン走る。あまり歩く人がいないのだろうか、お構いない。道路から飛び出して、田んぼのあぜ道に片足をまたいで、退避するしかない。旧石器時代の石器の材料となった「黒耀石」が、和田周辺で産出される。遺跡が多く発見されている。ちなみに現在では、パーライト工場となって、「天然ガラス」を加工している。抽出後の残石が山のように積まれていた。

依田川を唐沢橋で渡ると左手に馬頭観音が見え、「旧中山道」入口の標識がある。とても、街道とは思えない草深い山道となる。登り下りしながら、薄暗いうっそうとした木々の中を抜けると、51番目の「唐沢一里塚」がある。ここで、一旦国道に出て、すぐに「男女倉」という、草深い道を800メートルほど進むのだが、そのまま国道を行く。新和田トンネルの分岐点で、旧道に戻る。

登って下りになると、沢が現れる。何箇所もきれいな水が流れていて、気持ちいい。が、大雨で橋が流され、仮の橋（華奢な）が架かっている箇所もあった。

谷川に下りて、顔を洗い、歯磨きをする。水は冷たく爽やかな気分になれた。川の上に架かる橋に腰を下ろし、少々早めの?昼食（9時）をとる。昨夜仕入れていた、パン、ジュース、バナナ。夕、朝と代わり映えのない食事だが、食べ物があるというだけでありがたい。それに、こんな空気の美味しいところで食べると一層美味しく感じられる。

ほっと一息入れても、まだまだ先はある。今度は、苔むした石畳である。よほど注意して歩かねば、危険である。途中「広原一里塚」があり、キャンプ場となっている。湿原があり、そこで大きな動物（鹿？　猪？）の足跡を見つけた。危ない危ない。辺りで、鳥の鳴き声を耳にする。「カッコウ」「ジュウイチ」「ミソサザイ」「ホトトギス」、夏を告げる鳥たちの囀りだ。

またブッシュには、山野の花が可憐に咲いていていて、心和ませてくれた。

いくつかの沢を越えて最後の急坂を上り切ると、やっと頂上だ（10時着）。下諏訪の町が、小さく一望できる。あとは下り坂である。が、楽そうに見えて、ほんとは下りのほうが神経を使う。笹薮が続く急坂を、どんどん下っていくと、大社まで11キロの表示となる。

西餅屋から国道に出て、下っていく。この辺りの車は、ビュンビュン飛ばす。急な砂利を敷いた坂道で、トラックを避けようとして、砂利に足を取られ、相棒が転倒してしまった。運悪くコンクリートのフェンスに手を突いたのだが、身が削れるほどの怪我をしてしまった。今まで、少々の傷ぐらいは負ったかもしれないが、こんな負傷は初めてだった。トラック側に転ばなかっただけでもよかったと思わずにはいられなかった。やはり、昨日十分な睡眠が得られなかったのだろうか？　それに、峠を下ってきて、ホッと油断したこともあったのだろう。全行程での最大の怪我だった。

12時30分、国道沿いにソバ屋を見つけた。やっと、食事らしい食事に会えて、嬉しかった。大せいろをぺろりと平らげ、胃も満足だ。

「浪人塚」（水戸藩）がある。江戸幕府が倒れて、浪人と呼ばれるようになった。

やっと、諏訪大社が近づいてきた。「御柱木落とし坂」である。テレビで見るより急なことは急だが小さな丘だった。ちょっとばかり、興奮してしまった。

今年（平成22年）虎の年に行われた御柱祭（7年に一度）は、死者まで出してしまった大祭だ。

少し行くと、芭蕉の句碑が立っている。


「雪散るや　穂屋のすすきの　刈残し」芭蕉

いよいよ諏訪大社下社（春宮）に到着。御柱が建てられ立派な社を構えているが、ひっそりとしている。諏訪大社といえば、今は上社（秋宮）の方が人気がある。

宿場の中心には、中山道と甲州街道との分岐点があり、大勢の人が集まる場所でもあった。また、中山道唯一の温泉があり、旅人がくつろげる場所でもあった。まだ、夕方には早い時間なのに、洗面桶を小脇に抱えて、温泉場に向かう女性の姿もちらほら見かけた。


駅前にも御柱が立っていて、諏訪大社を誇っている。

宿場は、本陣跡、旅籠が何軒か残っていて、昔の佇まいを偲ばせている。一番のネックだった和田峠は、無事越えることができた。

駅前のホテルに泊まる。

歩行距離　22キロ

11

２００７年６月13日（水）
下諏訪宿～塩尻宿～洗馬《せば》宿～本山宿～贄川《にえかわ》宿

6時30分出発。今日も昨日に引き続き難所峠「塩尻峠」越えである。
まだ、朝もやのかかる下諏訪宿の町を抜けると閑静な住宅街が続く。この辺りの庭木（垣根）の立派で見事なこと。それも軒並みで、通りは庭園を歩いているようだ。

「今井本陣」

ずっと急な上り坂が続いたが、峠までの距離は思ったより短かった。展望台からは、もう見えないと思っていた「諏訪湖」が遠くに、そして反対側には残雪を頂いた「アルプス」が望めた。きつい坂を登ってきた甲斐があった素晴らしい景色だった。

「野鳥の宝庫」

さて塩尻峠は、「特別鳥獣保護区」に指定されていて、南から飛んできたばかりの多くの野鳥たちが、こぞって美しい鳴き声を披露してくれる。
カッコウ、キビタキ、イカル、アカゲラ、ウグイス、カケス、オオルリ、ホオジロ等々、鳴き声のシャワーを一杯浴びて、とても優雅な気分で、急坂を登ったり下りたりしていることを、ついつい忘れてしまうほどだった。

「柿沢立場」

ここでは、家毎に屋号がついていて、これを眺めながら、何屋さんだか想像するのも面白い。だが、相棒は、そんなこと容赦なくどんどん先に進むので、ややもすると、遅れをとって、うしろを小走りで追いかける羽目になる。

「塩尻宿」

豪農家「堀内家」は、重要文化財となっていて、今では、医院を営んでいる。屋根には「雀おどり」という面白い飾りがついている。

「平出一里塚」

ここは珍しく両サイドが残っていて、田んぼ道の左右には、りんごではなく、ぶどう畑が続く。

「洗馬宿、本山宿」

洗馬宿に入ると、道標があり、「右中山道、左善光寺」とある。西からやってきた人は、ほとんどここから善光寺（善光寺道、およそ80キロ）へお参りできた。

しばらく行くと、国道縁に、「日本最北端の銅鐸《どうたく》」というモニュメントがある。主に西日本で作られていたので、ここが北端となるのであろう。

洗馬から本山までは、3キロの道のりで、ソバの花が真っ盛りで、一面白で覆われていた。

本山は、「ソバ切り発祥の地」で、「そばの里」と書かれたソバ屋があった。

「木曽路」

国道19号線を南木曽路《なぎそじ》に向かって下っていく。

眼下に、中央線、国道19号線を見下ろす高台からの眺めは、線路の中を歩いている感じだ。

「木曽路は全て山の中である」とは、まさにその通りだと、実感。

今日は、塩尻までと思っていたのだが、よく頑張って、贄川まで来た。

この辺りで、終わらないと、電車がなくなるかもしれない。贄川駅に寄ると、案の定、1時間に一本の電車しかない。

「贄川」の駅で時間待ちをしていると、おばあちゃんが、背中に駕籠を背負って、向かいのホームへの階段を上っている。「え？　まだ時間があるのに……」と思って見ていると、突然消えた。なんと、ホームを渡って、向かいの畑に作業に出かけたようだ。のんびりした田舎の駅ならではの一齣《ひとこま》の風景に出会ったようで、思わず笑みがこぼれた。

ここは、東海中央線である。距離的には、名古屋に出るほうが近い。電車は、ローカル線を乗り継いで、名古屋へ。倉敷に着いたのは、夜の9時だった。

12 松本

2007年10月14日（日）

7、8、9月と暑いので、3か月のブランク。やっと、楽しみにしていた続きの木曽路に出かける。

前泊で松本まで行く。夕暮れの町を散策。

街路樹は、実が真っ赤に色づいた「ナナカマド」と「シナノキ」である。

夕食は、馬刺しが名物のようなので、店を探す。例のごとく、酒の一杯は欠かせない。次に名物といえば、「信州ソバ」でしょう。一杯のあとのソバもまた格別。

さて、今回から、初めてのことがある。

リュックを背負うことになった。今まで東海道から中山道と、１年近くカメラだけ携えて、手ぶらで歩いてきた。荷物は少ないながら、二人分を相棒が背負ってくれていた。

13

２００７年10月15日（月）
贄川宿〜奈良井宿〜藪原宿〜宮ノ越宿〜福島宿

「贄川宿」

松本駅から朝一番の電車で贄川駅へ。

贄川宿には、関所があった。とても信じがたい寂れようだが、「福島関所」の予備の番所であったらしい。それに、東から来るとここから木曾十一宿に入るため、重要な場所でもあった。島崎藤村の「夜明け前」では、上４宿、中３宿、下４宿に分けている。書き出しの「木曽路はすべて山の中である」が、これから始まるのである。

宿場は、何度か大火に見舞われて、復元したものがちらほら。

次の平沢の集落には漆器の店が多く、昔は「奈良井宿」のほうが、有名であったが、今ではここが有名である。無造作に、駕籠に盛られたおわんには、郷愁を誘う雰囲気がある。

「奈良井宿」

「楢井」ともいい、江戸時代は「漆器」作りで有名で、木曾十一宿で、一番賑わった宿場だ。今でも、漆器店が、軒を並べている。建物も昔の面影を残していて「国の重要伝統的建造物群保存地区」に指定されている。家々には、「屋号」が掲げられていて、まるで江戸時代の町に、迷い込んだみたいだ。

「鳥居峠」

「奈良井宿」を出ると、旅人を苦しめた難所「鳥居峠」に差し掛かる。石畳が敷かれた急坂を登る。本来の旧道も荒れ果てて、通行不能の箇所が何箇所かあった。「熊に注意」と書かれた看板も。どのように注意したらいいのだろう。例の「森のくまさん」でも大声で、歌いながら行ってみようか？「くま除け鈴」まで置かれている。滑稽にしか見えないが……。でも鳴らしてみる。

栃の木の群れがあり、何だかうっそうと、太古の森をさまよっている感じ。もちろん下りも急坂で石畳の箇所がある。これは、きつい。

これが、先に思ってもみない災いを及ぼすことになろうとは。

「薮原宿」

「鳥居峠」を越えると、「薮原宿」に入る。

「お六櫛」という櫛で有名だ。今でも作られていて、漆を塗らないで、そのままの素材を生かした櫛である。

次の宮ノ越までは、国道19号線を木曽川に沿って歩く。

「宮ノ越宿」

宿の手前に、木曽川が曲がって淀んだ所があり、そこは「巴淵」と呼ばれている。「徳音寺」には、義仲の墓があり、巴御前が馬にまたがった像も作られている。

言ってみれば、現在は、木曾義仲、巴御前一色の町となっている。

大津にある「義仲寺」には、義仲と巴御前が一緒に眠っているといわれるが、ここにも義仲の墓がある。昔は、行った先々で、墓を設けているから、真実は分からない。

さて、ここがまだ、「中山道中間点」である。京までの５２０キロの半分の２６８キロに当たる。

まだまだ、先は長い。

「福島関所」

国道から外れて、すぐに福島宿に入る所で、大きな「冠木門」が見えてきた。

いよいよ、関所である。右手には、宿場町が広がっている。今夜泊まる旅館にまっしぐらに進む。もう、いい加減疲労が限度に近くなっている。温泉旅館だから、予約を入れておいた。

4時30分到着。

部屋の前には川が流れ、趣のある旅館だった。夕食は今年初のマツタケ尽くしで、炭火の焼きマッタケ、木曽和牛とマツタケ蒸し、そして、忘れてはならない地酒「七笑」、「中のりさん」をいただく。翌日よく見ると、「七笑酒店」は、目の前にあった。

歩行距離　33・7キロ

14　2007年10月16日（火）
福島宿〜上松宿〜須原宿〜野尻宿

「福島宿」

宿の朝食の時間を早めてもらい、7時30分出発。

昔のまま残されている町並みが続く。

所々19号に出ては、また脇道の街道に戻りながら行く。途中、通行不能となっているにもかかわらず、無理に進んでみたが、案の定道に迷い、元に引き返す。

「福島関所」

なぜ木曽福島に関所が設けられたか？　その理由は地形上にあった。街道左手には急傾斜の山があり、右手は激流の木曽川に塞がれ逃げ道がなかったのである。

また取り調べは厳しく、「入り鉄砲に出女」といわれ、特に女性には厳しかったようだ。江戸に行くには、通行手形も一旦ここで返し、新たに「碓井関所」宛てに、発行されたといわれる。現在は、「資料館」となっていて、この家は藤村の姉の嫁ぎ先でもあった。

「上松《あげまつ》宿」

木曽檜を産出していたため、旅人だけでなく、商人たちもあふれんばかりで、11宿の中で最も賑わいを見せた昔を偲ばせる宿場町であった。「材木役所御陣屋」というものもあり、今でも上松は、木材集積場所となっている。

諏訪神社の鳥居から社寺に至る間に、小学校の運動場を挟んでいるというのも、面白い光景である。

「寝覚ノ床」

以前来たことがあると言われても、すっかり忘れているので、わざわざ寄り道をしてもらった。きれいな白い花崗岩や奇岩を眺めた記憶はあるのだが、下の床まで降りた記憶が、蘇ってこない。困ったものだ。何をしても、どこに行っても、記憶にないという特技を??持っている厄介な御仁である。いつでも、新鮮な気分でいられるというのは、いいかもしれないが、結局覚えが悪いのだろう。相棒にしてみれば、「いい加減にせい!」の心境だろう。

お昼は、格好のソバ屋に出くわす。「十割そば」で、店先で臼で挽いていた。今はもちろん機械の石臼だが。やはり挽き立てのソバの味は違う。信州ソバというから、ここに来たからには、思う存分ソバを賞味したいものだ。

「須原宿」

須原から野尻までの7・5キロは、農道のようなアップダウンのきつい道を進む。高台に至ると、「木曽駒ヶ岳」が望めた。この辺りは、ほんとに山深いところである。その底を木曽川がとうとうと流れていて、一幅の絵になる。

19号を行けば早いのだが、忠実に街道に沿って歩いていると、山坂でいささか疲れてきた。歩いているときは、めったにアルコールは口にしないのだが、丁度酒屋に出合って、元気づけにビールを一杯。

「野尻宿」

やっとのことで「野尻駅」に到着。駅（街道筋）から少々外れている今夜の宿は「フォレスパ」で、ここにも「ふるさと創生」でできた温泉がある。

夕食には、今夜もマツタケ料理。時期でもあるのだろうが、この辺りでも採れるらしい。温泉とご馳走で贅沢な気分になった。

歩行距離　33キロ

15

2007年10月17日（水）

野尻宿～三留野《みどの》宿～妻籠《つまご》宿～馬籠《まごめ》宿～落合宿～中津川宿

「野尻宿」

野尻駅7時40分出発。

駅より見事な木曽駒ヶ岳を望んだ。

木曽川とは、ずっと一緒だった。駅から3キロほど先で、見下ろす渓谷の流れは、エメラルド色に輝いていた。だんだん流れは緩やかになり、グリーン色の水の中に見える、白い花崗岩の奇岩が面白い。カモやカワガラスの飛び交う様を見るため、時々立ち止まる。

段々下流になるにつけ、河原の石が小さくなっていく。いよいよ木曽川とも別れを告げ、「三留野」へと入っていく。

「三留野宿」

県道264号線を山の中に入っていくと、「三留野宿」だ。中山道三大難所（碓氷峠、木曾の桟、太田の渡し）といわれ、野尻から三留野にかけては、木曽川に沿って、狭い道があるだけで、何度も危険な桟を渡らなければならず、増水したら桟は流され、がけ崩れがあったりした。ここまでたどり着けば、ホッと一息入れることができるので、宿場は結構賑わったようだ。両サイドの家々には、屋号が掲げられ、現在の森林組合が本陣のあった所である。

森林組合といえば、思い出すのがトイレである。こんな宿場だから、どこかにトイレがあるに違いないと、期待して探したが、それらしきものはない。どうも我慢できなくて、「森林組合」に飛び込んで、使用させてもらった。「地獄で仏にあった」とは、このことだろう。結局、公用トイレはなかったのだ。

歩いていて問題なのは、食べること、寝る所、トイレの三つである。今まで、なんとかクリアーしているが、何が起こるか分からない。それもまた、旅の思い出の一つとなるのだろうが。

今日のメイン「妻籠」と「馬籠」が待っているから、元気が出る。

宿を外れ、山道に差し掛かると、巴御前が、袖を振って松を倒したという「ふりそで松」がある。

狭い旧道を進むと石畳の始まりである。石畳は、昔の面影が残っていて、風情はあるが、歩く身にしては、厄介である。登りがあれば必ず下りがある。
下りは、前につんのめるので、指を痛める。

「妻籠宿」

馬籠と妻籠は、「歴史的建造物保存地区」に指定されている。古い建物を見事に保存していて、まるで、江戸時代にタイムスリップしたようで、旅人気分になれる。ここまで来ると、観光客が一杯いて、今までの宿場のイメージとは違って、賑やかである。まず、人がいるのにびっくり。また、昔ながらの土産物を売る店が軒を並べ、「五平餅」と呼ばれる串刺しした米の餅が有名だ。早速に食べてみる。

藤村の母の実家が妻籠本陣である。今は「藤村記念館」として、一般公開している。
また、郵便屋の出で立ちが、当時の雰囲気を醸し出していて、面白い。

「馬籠宿」

妻籠から馬籠までは、約８キロの道のりで、ひと山「馬籠峠」（標高８００メートル）越える。中間に「大妻籠」という立場を設けていて、古い家が残っている。

馬籠峠からは、恵那山がきれいに見える。藤村の句碑も立っている。峠から急な下り坂が「馬籠宿」である。

宿の手前に、古い高札場が建っている。立派なものだ。

本陣は、島崎藤村の生家だ。馬籠の名物も「五平餅」である。

ここで、木曾十一宿は終わり。

「落合宿」

馬籠の宿が終わると一度上り坂があるが、その後は、どんどん下っていくのみ。それも急な下り坂。もうこの辺りになると、ほとんど足が引きつって、歩けなくなっていたが、坂を後ろ向きに歩いてみたりした。次の落合宿までは、5キロある。その上、「十石峠」(十曲峠)は、石畳とくるから、もうどうしようもない。それでも、足を引きずりながら頑張って歩いた。石畳は、800メートルにも及んだ。こんなときに、石畳はきつい。くねくね字のごとく九十九折である。

今日の終わり中津川宿まで、あと4キロとなる。

「中津川宿」

坂を下る途中「大釜」があった。昔その釜で寒天を煮たという代物で、祭には「千人キノコ汁」をこしらえたという、直径１・５メートルもある巨大な釜だ。

それでも下りは続き、やっと終わったと思ったら、今度は登り。この頃になると、山をフラフラ下る夢遊病者ような足取りになっていた。

眼下に中津川の町が見えたときは、どんなに嬉しかったことか。藤村の「夜明け前」にあるように、平地に憧れる気持ちを、身にしみて実感した。

本当に、木曽路は山の中だった。

階段を下りると、宿場の入口で、都合のいいことに、街道筋にホテルを見つけ、飛び込んだ。足はもう限界に達していた。

歩行距離　34キロ

16　中津川宿〜大井宿（恵那）

２００７年10月18日（木）

7時出発。

ホテルが街道筋にあるというのはありがたい。昨日買っておいた朝食を済ませ、中津川

10月も半ばとなると、朝は少々寒い、が気持ちはいい。
中津川を中津川橋で渡ると、宿場は終わりである。
この橋から歌川広重は、2枚の絵を描いていて、どちらにも恵那山が描かれている（後述、中山道六十九次だが、70枚ある。ここ中津川だけが2枚。よほど気に入ったのか）。
「上宿の一里塚」は、江戸から85番目にあたる。

「大井宿」

緩やかなアップダウンの丘や、田園風景の農道を通り過ぎ、美濃国で一番栄えたといわれる「大井宿」に到着。

宿場の入口にある枡形を曲がると、本陣跡から始まり、41軒もあったといわれる旅籠が続く。今夜の宿を調べるべく、恵那駅に立ち寄る。ここから、約15キロ先まで歩き、引き返して恵那に泊まる予定だった。ところが、運悪く？良く？か、足の裏にできていた、水ぶくれを自分で「ブシュッ」と潰してしまった。2日ほど馬籠などの山坂を無理して歩いてきた。一晩休んだぐらいでは、癒えなくなっていた。こんなことは、今までもよくあった。爪が剥がれそうになったり、豆はしょっちゅうあること。どうにかなるわとタカをくくっていた。だが、今回はいつもと違う。大きな豆だったので、足の裏一杯に、汁が広がっていくのが分かった。それだけなら我慢ができるが、次の瞬間足を運ぼうとしたら、激痛が走った。少し歩いてみたが、もうこれ以上我慢ができないという限界を感じた。どうせこの先15キロは無理だし、明日は雨が降るらしい。この際、ここで切り上げようということになった。

まだお昼、すぐ帰るにはもったいない。「中山道広重美術館」で開催中の「木曽海道六拾九次之内―違いを楽しむ―」という版画展を駅で見つけた。本来なら、横目にパスしてしまうところだが。ピンチはチャンス。予定を変更することで、見えないことが見えてくる。


「中山道広重美術館」


当美術館には、日本橋を加えた70点プラス中津川の（雨は世界でも数点しかない貴重なもの）71点が完全なセットで所蔵されている。版画は版元初刷りと後刷りと呼ばれる摺られた時期による違いや違版の面白さを比較しながら展示されていて、とても興味深いものであった。また、版画刷りも体験できて、楽しいひと時を過ごせ、すっかり足の痛いのも忘れていた。歌川広重と渓齋栄泉の二人の絵師が刷り上げた六十九次の写真集ももう旅の最後なので、買って帰った。何と都合良く行ったもので、何が幸いするか分からない。

こうして、今回は恵那で終わり。

名古屋で一度下車して、食事をして帰倉。

17

2007年11月11日（日）
大井宿（恵那）

週間天気予報も固まって晴れの天気のようだ。
今回で中山道を踏破する意気込みで、家を出た。

ホテルの隣がタクシー会社だった。明日の十三峠を含む30キロを一気に歩くには、少々不安がある。しかし、少しでも歩いて距離を稼いでおきたい。そこで思いついたのが、タクシーを利用することだった。今日歩けるところまで歩き、タクシーで一旦ホテルに戻り、また翌日同じ場所にタクシーで向かい、そこから歩こうという考えだ。

どこか横道から山に入り「ここなら迎えに行ける」という所を事前に運転手と相談して決めておいた。

恵那駅から商店街の旧道を行くと、高札場がある。この辺りは店も宿もなく、「西行伝説」が残る。（この地で亡くなったといわれている）西行の名が付いた箇所があちこち見られる。そして、十三峠（実際は20峠あったといわれている）は、西行坂から始まっている。数字を聞いただけでも、どんなに大変な坂だったのか窺える。これから、それに挑もうとしている。

街道を歩く旅人には、めったなことには出会わないが、「熟年の夫婦連れ」に出会った。旦那は随分と先を、奥さんは大分距離をあけてくたびれた様子で、「もうどうでもいいわ」てな感じだった。きっと、十三峠を越えてきたからだろう。声を掛けるには、あまりにも気の毒そうだったので、想像だけに留めておいた。

恵那より約5キロ歩いたところで、事前に相談していた道路にたどり着き、タクシーを呼ぶ。約束通りすぐやってきた。見知らぬ所で、場所を指定するのは難しい。先にお願いしていたので、これは助かった。

恵那に泊。

18

2007年11月12日（月）

大井宿～大湫《おおくて》宿～細久手《ほそくて》宿～御嶽《みたけ》宿～（可児）

「大井宿」

早朝なので、予約していたタクシーで昨日の場所まで行ってもらう。

出発が、山の中からというのも珍しいことだ。それに秋も真っ只中、紅葉も美しい、空気も美味しい、最高の気分である。

桜百選道路を進むと、ゴルフコースの中を歩く所もあり、グリーンにそのまま入れる場所もある。

次の宿場「大湫」までは、ざっと、10キロである。（昨日5キロ歩いているので）登って下り、また登っては下りと、何度も何度も山の中の険しい道や、農道を抜けた。最後の上り坂「しゃれこ坂」を上ると、あとは下り、降りた所が大湫宿だ。

「大湫宿」

中山道が制定された当初は、大井から御嵩までの八里間には宿場がなくて、一気に歩かねばならなかったので、大変だった。途中に大湫宿、細久手宿をあとから設けた。

また、古い家が残っていて、往時を偲ばせてくれる。大きなイチョウの木が、黄色に色づき、「神明神社」の境内には、樹齢1300年といわれる大杉がある。

宿を過ぎると、その先、美濃国で一番高い峠「琵琶峠」（550メートル）となる。峠の頂上には、和宮の歌碑があり、江戸へのつらい旅の想いを詠っている。

さてこの琵琶峠は、日本一長いとされる（730メートル）上りと下りの石畳である。それもほとんどだぁれも通らないので、すっかり苔むしていて、足を取られそうになる。

「細久手宿」

これで終わったわけではなく、まだまだ続く峠また峠。

大湫宿から細久手宿までは、６キロ。

宿場は、大きくはないが、昔の佇まいが残っている。問屋だった「大黒屋」は、今でも旅館を営んでいる。

「御嶽宿」

細久手宿から御嶽宿までは、約12キロと結構な距離である。登っては下り、登っては下りの繰り返しで、徐々に山里が近くなった所で、柿取りをしているおばさんに出会った。あまりに美味しそうだったので、欲しそうに眺めていたのだろうか？「食べませんか？」と熟した大きな富有柿を手渡してくれた。旅人への接待だ。ずっと水以外は、口にしてなかったので、お礼を言っていただいたが、その美味しかったこと。あと少しだが最後がきつい。元気が出てありがたかった。

御嵩から三つ目の駅可児《かに》の町まで、電車で行く。駅前には何もない。ホテルまで、歩いていく。

今日は、疲れたので、元気をつけるため、韓国料理店で焼肉を食べる。

歩行距離　28キロ

19
2007年11月13日（火）
御嶽宿〜伏見宿〜太田宿〜鵜沼宿

「御嶽宿」

早朝の可児から終点御嵩まで（名鉄広見線）の電車には、最後まで誰も乗ってこない、自分たちだけの独占列車だった。

御嶽宿は本陣の跡が残るだけの小さな通りだった。

御嵩駅から出発。枡形を2箇所曲がると、すぐに宿場は終わりとなる。

「伏見宿」

御嵩からは、JR、名鉄と鉄道路線に沿って歩くことになるので、もうどこまで歩いてもいい、安心である。

宿場は、おおよそ宿場らしくない。

ここは、木曽川の中流で、「日本ライン」と呼ばれる美しい川で有名だ。

また舟下りも有名で、花崗岩が削られてできた奇岩は美しい。

「太田の渡し」、今では、「今渡《いまわたり》」と呼ばれている。

中山道三大難所と呼ばれる一つでもある。

「木曽のかけはし、太田で渡し、碓井峠がなくばよい」といわれた川である。


「太田宿」

伏見から太田までは、約8キロ。

太田の渡しがあったにしては、さほど大きな宿ではない。

脇本陣である「林家住宅」は現存していて、国の重要文化財として一般公開されている。造り酒屋が2軒、代官所もあり、宿場の佇まいは残っている。

名物は干し柿（つるし柿）である。果物屋の店先には、柿が並べられている。昨日食べた柿の味が忘れられなくて、買って食べる。

美しい日本ラインの流れと共に、西へ西へと進む。

もう、平野に入ったのだから、峠はないものと思っていたのだが、次に控えるのは、木曽路谷最後の山路、「うとう峠」だった。

「鵜沼宿」

宿場は、明治24年、濃尾大地震により壊滅的な打撃を受け、残るは遺跡のみとなった。

13時出発。農家の庭先で、収穫してきた人参を洗い、選別している光景に出会った。初めて見る作業にしばらく見とれていた。

次の宿、加納までは、17キロと長い。とても歩き切れないので、行ける所まで行くことにした。もう平地ばかりなので、歩きやすい。それに、鉄道路線が、JR、名鉄と二本も走っており、駅があればどこで終わってもいいので、気軽に歩ける。まだ、3時過ぎだが、何も無理することもない。今日は、岐阜のホテルを予約してある。

間の宿である「新加納」で終わり、名鉄新那加駅から岐阜駅まで電車で行く。

歩行距離　29キロ

20

2007年11月14日（水）

鵜沼宿～加納宿～河渡《ごうど》宿～美江寺《みえじ》宿～赤坂宿

岐阜から名鉄で15分、「新那加駅」へ戻り、また岐阜に向かって歩き出す。

「加納宿」

「岐阜へ一里地続きなり」といわれ、ほとんど同じだった。

昨日泊まった岐阜駅を通り過ぎ、次の「河渡宿」へ。

河渡の手前で、鵜飼で有名な「長良川」を渡る。船を浮かべて、たて網で漁をする光景を眺めた。きっと、鮎に違いない。

川を渡ると、集落が見えてくる。

「河渡宿」

丁度お昼、創業１００年と書かれた「鰻屋」を見つけた。看板に偽りはなく、なかなかの味だった。歩きながら美味しい店に出くわすのは、ラッキーである。

また、この辺りでは、サボテンが多く栽培されていて、ハウスの中には色んな種類の小さなサボテンが、一杯植えられていた。

「美江寺宿」

河渡から美江寺までは、約5キロ。

また、美江寺の名物は、「富有柿」である。畑には、柿が沢山植えられていた。

西の揖斐川を渡るが、和宮が、舟から東の対岸にあった馬淵家の紅葉を眺め感動し詠った歌が、「落ちて行く　身と知りながら　もみじ葉の　人なつかしく　こがれこそすれ」である。この先には、皇女和宮を偲んで作られた「小簾紅園」もある。

「皇女和宮」

中山道は、和宮のためにあったかのように、京から江戸まで終始気遣いがなされ、各所に遺跡や遺品が多く残されていた。

それには、道中で関わった何と多くの人々の苦労があったことか。歴史に残る降嫁行列絵巻であろうか。

東赤坂駅（近鉄）があったので、ここで終わりとした。電車で大垣まで行く。明日は、長距離を歩かねばならないので、なるべく駅に近いほうがいい。夕食もホテルのレストランで豆乳しゃぶしゃぶをいただく。

大垣は、芭蕉の旅の最終地である。

歩行距離　25キロ

21　２００７年11月15日（木）
赤坂宿～垂井宿～関ヶ原宿～今須宿～柏原宿～醒井《さめがい》宿～番場宿～鳥居本宿

今日は、昨日少し残しているので、40キロを歩くこととなった。朝一番の電車で、東赤坂まで戻る。さあ、張り切って歩くぞ！

「赤坂宿」

ここ赤坂は、東海道にも同じ名前があるので、「美濃赤坂」と呼ばれている。

古い建物も多く、脇本陣が旅館を営んでいる。なかなか趣のある通りである。

「垂井宿」

赤坂から垂井までは、約５キロ。

宿を出ると、珍しく松並木となる。東海道では多く見られた松並木も、ここ中山道では数が少なく、ここはその一つである。次の関ケ原宿まで、点々と残っている。

「関ケ原宿」

垂井から関ケ原までは、5・5キロ。

関ケ原の合戦は、歴史上、最大の合戦場で、見るところも多い。本陣にあったスダジイは、今も健在で、巨木となっている。

合戦で命を落とした、数千人にも上る戦死者の霊を供養し、祀った「東首塚」「西首塚」「首洗いの井戸」などがあり、合戦の凄まじさを物語っている場所である。

次に「不破の関跡」がある。新古今和歌集や芭蕉によって、「不破の関」は、詩に詠まれている。

名物「赤コンニャク」は、今夜賞味することになる。

これから越える「今須峠」は、新幹線がよく徐行する、雪深い場所なのである。

「今須宿」

関ケ原から今須までは、4キロ。

宿場には、跡碑が残っているだけで、あまり宿場らしきものもない。山門の上が線路という珍しいお寺があった。この辺りには、芭蕉の句碑が多く見られ、「野ざらし芭蕉道」というのもある。

美濃と近江の国境が小さな溝で分けられているというのも面白い。大抵は、大きな川で隔てられたり、山の頂上であったりするのだが。そこで、生まれたのが「寝物語の里」である。というのも、建物が隣り合わせで、他国の人と話ができたからだといわれる。

「柏原宿」

今須から柏原までは4キロ。

「伊吹艾」で有名な「伊吹堂」の店先には、等身大の「福助」が座って、店番をしている。また、「柏原歴史館」には、愛嬌のある「福助」がいっぱいいて、楽しませてくれた。

ここ柏原宿は、昔をそのまま残した古い町並みが素晴らしい。

「醒井宿」

柏原から醒井までは、約6キロ。

名水「居醒《いさめ》の清水《しみず》」と呼ばれ、清水を飲んだり、体や足に浸したりして、傷を癒したという伝説があり、その名前がついたようだ。道路に沿って用水が流れていて、そこにはバイカモ（東海道の三島にあるミシマバイカモ）という藻や、ハリヨという珍しい魚も生息している。清流ならではの生き物である。

さすがに宿場らしい宿場なのか、50人ぐらいの団体客に出会った。宿場だけを観光しているようだ。

「番場宿」

醒ヶ井より番場までは、4キロ。

さて、今日のところは、ここ醒井で終わりの予定だったのだが、なぜか元気が残っていて、もう少し歩くことになった。

田園風景の中、日の短くなった夕暮れ迫る街道をひたすら鳥居本に向けて歩いた。

最後のこの8キロは、さすがにくたびれた。鳥居本の駅から彦根まで電車で行き、泊まる。

今までで、最長距離となった。

歩行距離38・7キロ。

22

2007年11月17日（土）

武佐宿〜守山宿〜草津宿

いよいよ中山道最終日の朝を迎えた。今回は1週間ず〜っとお天気に恵まれた。

「武佐宿」

近江鉄道は武佐駅からは、すぐに枡形に曲がっている。この近江鉄道は、マニアの間でも人気の鉄道のようだ。

桜生《さくらばさま》は、「銅鐸の里」と呼ばれ、新幹線工事の際に、14個の銅鐸が発見されている。「銅鐸博物館」もできている。

本藍染を今尚受け継いでいる「森家」の家の前には、壷が置かれている。その作品の染は、「皇居」「桂離宮」に使われている高貴なもので、芸術作品となっている。

「野洲川橋」から振り返ると、「三上山」がきれいに見えた。

「守山宿」

武佐から守山までは、13・6キロ。

守山とは、比叡山の東門として山を守るというところから名づけられた。

草津までは、あと6キロ。自然と足早になる。

旧道は、鉄道ができ、道が失われたため、人だけが通れるトンネルをくぐることになる。

いよいよここから草津市に入る。草津川を渡ると、中山道と東海道の合流地点の追分だった大きな常夜灯を兼ねた道標が立っている。草津宿である。

やったぁ～。感激が胸を去来する。この地は、二度目である。

こうして、中山道を無事歩き終えることができた。
先の京都までは、東海道と重複しているので、ここで終わりとする。
歩行距離　23キロ

12時30分丁度お昼、和食レストランで、祝杯を上げた。ビールと刺身がこんなに美味しかったことは、久しくなかった。

スムーズに倉敷にたどり着いたので、夜も「ボージョレ・ヌーボ」で、再度乾杯。

第3章

甲州街道三十二次

序文

倉敷〜松本

「甲州街道」は、日本橋から下諏訪までの四十五宿三十二次２１１キロとある。街道の大体が、国道20号線かＪＲ中央線に沿っていたに違いない。そんなあやふやな知識ではあるが、ネットに記載されている資料を幾分コピーしたものと地図を持って、とにかく歩いてみることにした。

今回は、日本橋からではなく、逆の下諏訪からの出発とした。というのは、だんだん東京に近くなっていくほうが、気分的に楽であるから。

1

2007年12月10日（月）
下諏訪宿〜上諏訪宿〜金沢宿〜蔦木宿

前泊の松本から電車で下諏訪まで。

いつものように、早朝の出発では、朝食とするおにぎり、サンドイッチ、ジュース等を前日に買い込んでおき、電車の中で食べる。朝一番の電車には、まず人は少ない。時間の節約にもなる。何度このようなスタイルで、朝食をとっていることだろう。それが、「旅の恥は掻き捨てろ！」ということなのだろう。それにしても、この頃は、ちっとも恥ずかしくなくなった自分がいて、恐ろしくも？可笑しくもある。慣れというのは恐ろしいものだ。


下諏訪8時出発。

中山道で、この甲州街道終点地には一度来ている。その分岐点からの出発である。

諏訪大社の下社秋宮の前を通り、諏訪湖の湖畔を外周する形で、所々で湖を眺めながら上諏訪へ。今朝の冷え込みは、真冬を思わせる寒さだった。

遠くに雪を抱いた南アルプスが望めた。

日が上がって来るにつけ、あの寒さはどこへやら、上着はいらなくなった。宮川を渡り、土手沿いに歩く。段々アルプスが近くなってくる。「金沢宿」には本陣跡があるだけで、宿場はみすぼらしく何もない。富士見町に入る。峠になっていて、登りきると富士山が遠くに見える。

下諏訪~富士見までは、23・4キロの表示がある。

田んぼの田舎道を進むと「蔦木宿本陣跡」の門だけが残っている。ここは、「古代米の里」といわれている。田んぼに、稲藁が束ねて積んである。今どき、稲藁は珍しい。ほとんど機械で藁をカットしてしまうので。お正月用のしめ飾りに使うのだろう。「信州蔦木宿道の駅」まで、たどり着いた。最寄り駅は、「小淵沢」だが、歩くにはまだかなりある。もう歩く元気は残っていない。そこで、小淵沢の駅タクシーを呼んで来てもらうことにした。丁度美味しそうなリンゴがあったので、それをかじりながら待っていたが、10分、20分待ってもやってこないので、再度電話を入れると、もう一箇所道の駅があるらしく、そこと間違えて、行ったらしい。30分ほどしてやっと来たタクシーに乗ると、メーターがすぐにカチャと上がった。

「すみませんねぇ。今日から迎車代を頂くことになりまして」。何と運悪く値上げしたばかりだった。途中、狭い急な山坂道で、駅は高台にあった。よかった! 最後の力を振り絞ったとしても歩くには、限界だったかもしれない。

小淵沢駅より、甲府へ。

甲府駅前のほうとうの店に行く。ここのほうとうは、ボリューム満点。とても一人前は、食べ切れない。だが美味しい。
歩行距離　35キロ

2　2007年12月11日（火）
蔦木〜教来石〜台ヶ原〜韮崎《にらさき》

昨日の道の駅までタクシーで。今日は、迎車代はいらない。


蔦木宿道の駅7時発。

下蔦木を過ぎた所に、「目には青葉　やまほととぎす　初かつお」の大きな句碑がある。山口素堂の生誕地である。下教来石《しもきょうらいし》の手前に明治天皇御小休所跡がある。明治天皇の碑の数は、一里塚と同じ程である。

白州町は、「山と水の日本百選」水が美味しいので、「ウイスキー白州蒸留所」がある。昨日タクシーの運転手に間違えられた「道の駅白州」にやってきた。やはりここでもりんごをゲット、かじりながら歩く。美味しい時期でもある。

ここからは、八ヶ岳がきれいに見える。

中央アルプス、南アルプスと連山を左右に眺める最高の景色の中を行く。

続いて「台ヶ原宿」に到達。本陣屋敷跡の門と松が残っている。酒屋「七賢」は今も営業している。

富士見〜日野春22・8キロの表示がある。穴山辺りから韮崎まで左手の小高い山が、「七里岩」と呼ばれて、山が岩でできている。それが七里というから、30キロ近くあるのだろうか？　延々と続く。最寄り駅は、韮崎までと頑張って歩く。

今日も甲府まで戻って泊まる。気に入ったので、今夜も同じ店に。やはり酒は「七賢」だ。でも山梨といえばワイン。「甲州ワイン」を買ってきて、部屋で飲み直し。芳醇な香りが部屋一杯に広がる。

歩行距離　30キロ

3

2007年12月12日（水）

韮崎《にらさき》宿〜甲府宿〜酒折《さかおり》〜東京

甲府から韮崎まで電車で戻る。

今日は、天候が崩れるらしいので、早朝から歩き始める。霧が出ると天気になるといわれていたが、朝からず〜っと霧でかすんで、すぐ先までも見えない。

韮崎宿には、本陣跡の碑が立っているだけである。

20号線を時々歩き、また外れて街道筋を歩く。

日野春から甲府まで21・9キロの表示がある。

甲府は、甲府盆地の中央に位置し、南に富士山、西に南アルプス、北に八ヶ岳と風光明媚な場所である。また、武田信玄の本拠地でもある、「信玄堤公園」というのがあって、そこには、信玄がその昔川の氾濫から住民を守るために、長い年月（17年）と大勢の人力をかけて作った堤がある。甲府の駅から少し南が「甲府宿」だった所だが、街になっていて何もない。

甲府着10時30分になっても、霧は一向に晴れず、雲行きが怪しくなってきた。次の駅「酒折」まで、行くことにする。

12時30分、まだ半日しか歩いていないが、雨になりそうなので、今日はここまで。

東京に帰る。

歩行距離　23キロ

4　2007年12月14日（金）逆コース
新宿～高井戸～布田五宿《ふだご》～府中～日野～横山（八王子）

今朝は昨日の雨からがらりと変わり、快晴である。

一日休むと、また続きの甲府に戻るのが、大儀になった。そうだ、家の前は、新宿から延びる20号線、甲州街道なのだ。家から出発して、八王子辺りまで歩いてみよう。

新宿発

今でも「甲州街道」と呼ばれ、親しまれている20号線をひたすら西に向けて歩き出す。見慣れた初台、オペラシティの前を過ぎる。

イチョウ並木の黄色が、朝日でまぶしく光る。

環状7号線、8号線を突き切り、マヨネーズ工場の前を過ぎたのが、10時だった。「小島一里塚」の跡がある調布にやってきた。ここは、新撰組の近藤勇が生まれた所で、真新しい銅像が立っていた。

高井戸からは、20号線と少し離れた旧甲州街道を歩く。中央高速をくぐると、右手遥かに「東京スタジアム」が、そして次に左手に府中競馬の「東京競馬場」が見えてくる。この辺りから、府中宿に入る。府中駅の南に、「高札場」があり、説明文が書かれた石碑が立っていて、古い家もあり、宿場らしい雰囲気が残っている。

また20号線に戻り進む。多摩川を渡ると、「日野渡船場」跡がある。結構な川幅があるので、大変だっただろうと推察する。やがて「日野宿」に入る。日野宿本陣は建物の外観は、入ってみることができる。問屋跡、高札場跡など、ここも宿場らしさが、残っている。

宿場を過ぎると、右手に自動車工場が見えてくる。工場の横を、延々1キロほど進むと、八王子に入る。ほとんど終わりかけの黄色いイチョウの葉っぱが、歩道を埋めている。冗談では言っていたが、まさかここまで来るとは思っていなかった。八王子に16時10分に到着。

歩行距離　37・8キロ

5 2007年12月15日（土）逆コース
横山〜駒木野〜小仏〜小原〜与瀬

八王子8時30分出発。

20号線を西へ。西八王子を過ぎた所にある多摩御陵の前後4キロにわたり、昭和の初期に植えられた銀杏並木は、最後の黄色い葉っぱを惜しみながら落としていた。並木は高尾駅まで続くが、徐々に葉っぱを落とし、駅に着く頃には、すっかり裸になっていた。もう、年も暮れようとしている。

町田街道と交差すると、間もなく「高尾駅」である。駅舎は、古めかしい趣ある建物である。駅からは、どやっと、大勢の人を掃き出していた。その中に、中高年のリュックを背負った20人ばかりの団体さんがいた。どうも自分たちが行く方向と同じ。すなわち「高尾山」にハイキングする人たちであろう。案の定、団体さんに混じって歩くことになった。

先を譲って、しばらく休憩することにした。

10時30分駒木野宿。

ここは、小仏峠に差し掛かる関所となっていた所である。宿場の集落を抜けると、そろそろ緩やかな登りとなる。右手頭上に中央高速道のジャンクションを見上げながら進んでいく。民家もパラパラになっていく。丁度豆腐屋さんがあり、「おからドーナツ」と書かれた幟が立っていた。珍しいので買っておこう。実は今日は、手ぶらで出かけてきたのだ。こんなところで出会うなんて、嬉しかったね。で、結局山を下りるまで、食べ物屋は1軒もなかったのだ。ほんとは、すぐにでも食べたかったが、頂上での楽しみにした。

峠の途中に、「小仏バス停」がある、そこで終点である。そこからは、もう歩くしかない。最初想像していたほどもなく、頂上にはあっという間に辿り着いた。

今まで多くの街道を歩いてきたが、山頂でこんなに大勢の人と出会ったのは初めてだ。さすがは、有名な東京高尾山である。それに今日は、土曜日。丁度お昼時、みんなリュックからお弁当を取り出して、食事をしている。自分たちも負けずに？さっきのおからドーナツをいただく。よかったぁ！　買っておいて。

山頂からは、高尾の町が見下ろせた。皆は別ルートで、高尾の方へ下りていったが、自分たちは、相模湖の方へと下りていった。さすがにこのコースを行く人は、いなかった。

「小原宿」

峠を下りると底沢バス停で20号線に出る。名の通り、沢の底で、やっと下りてきたという感じ。20号を少し行くと、「小原宿」。宿場には、清水家住宅であった「小原本陣」が残っている。２００年前の建物として残っているのは珍しく、立派な「お籠」が展示してあった。

「与瀬宿」

山を切り開いて段々にできた集落で、眼下に相模湖を見下ろすことができる。小さな宿場である。与瀬神社がある。

もうお昼は、とっくに過ぎている。地図に書いてあったラーメン屋にやっとたどり着いた。ほっと一息。しばらくすると雨がパラパラやってきた。ここで、この近くに住む娘にメールをいれる。全く歩いていることすら、伝えてないのに、場所が分かるだろうか？　運良く会えればいいかな？ぐらいの軽い気持ちで国道を歩いていると、後ろから急に車でやってきた。うまくつかまったものだ。雨も本降りになりそうなので、車で「相模湖駅」まで送ってもらって別れた。何の交通手段もないところでの車はありがたかった。

お陰で、雨にも濡れず明るいうちに帰れた。

歩行距離　29キロ

6　2007年12月16日（日）

新宿〜日本橋

今日日本橋まで行くと終わりである。その足で帰倉することにしている。

さて、新宿御苑の脇を通って、御苑の大木戸門へ。ここも大イチョウがすっかり葉を落とし、黄色の絨毯を敷いていた。

四谷四丁目には、「四谷大木戸跡」の碑が立っている。今日は日曜日とあって、車も人もいないので、カラスも安心してごみをあさっている。

「四谷駅」を過ぎ、「四谷見附橋」を渡る。そのまま一直線に進むと皇居「半蔵門」に突き当たる。「国立劇場」の前に、「日本橋から4キロ」の表示がある。あと少しだ。外苑では、ゼッケンを付けた多くの人が走っていて、「桜田門」に入ると、リレーマラソンをやっていた。今日は、最高のマラソン日和だ。

皇居を半周して「大手門」から東京駅の北を通って、日本橋三越の前を通る。もうすぐクリスマスだ。今年もあと2週間を残すばかりになった。こんな時期、のんびり歩いているなんて、今まででは考えられなかったことである。

いよいよ最終地点（出発地点）の日本橋に到着。

東京の町は、思ったより多くの昔を偲ばせる地があることに気づかされた。地名もそのままで残されている。
中央線の快速で新宿―東京間は15分かかる距離なので、まさかこんなに早くに歩けるとは思っていなかったが、直線コースなので、意外と簡単に歩けることが分かった。
これにて、一旦、甲州街道は終わりである。
歩行距離　13キロ

7　石和《いさわ》温泉～栗原～勝沼

2008年11月10日（月）

1年ぶりの街道歩きだ。途中で終わっているので、残りを歩く。

朝7時の特急で、甲府まで行き、石和温泉駅へ。

今日の天気は、かなり寒さを感じる。

石和温泉は、結構な温泉町である。初っ端から道に迷いながら、温泉街を川沿いに歩いた。旅館の女将や従業員が総出で玄関に立ち、宿泊客の見送りをしていた。そんな光景を何度か横目に見ながら、風情ある温泉街を通り抜けた。

「石和温泉駅」から「勝沼ぶどう郷駅」までは、五つの駅があるが、全く離れた所を歩くので、途中でやめるわけにはいかないのだ。まあ初日だし、あまり気負わないで、行ける所まで歩こう。国道20号とも離れていて、歩きやすい土手道だった、栗原宿もほとんど何もない普通の町並みだった。この辺りから、庭先にはみんなぶどうの木が植わっている。まず庭先にぶどうがあること自体考えられない。

日中も気温は上がらず結構寒い。栗原宿から勝沼宿へ。「勝沼ワイナリー」の看板を見つけた。やったぁー、そろそろお昼だし、試飲のワインでもと、足早になった。案の定工場見学ができて、その後ワインの試飲だ。「お車ではないですか?」と案内係が言うけど、「大丈夫、歩いているんだから」。赤、白、ロゼ、ヌーボーと沢山いただいた。二階にレストランがあり、お昼にする。食前酒には、もちろん今年取れた勝沼ヌーボーを。お肉とマッチして、美味しかったな。歩いてきた甲斐があるというもの。ゆったりと窓の外に広がるぶどう畑や山並みを眺めていたら、気分も良くなって、もう歩くのがどうでもよくなった。それに、ルートとすると、最寄り駅は勝沼ぶどう郷駅しかない。それもかなりの距離がある。早いが初日ではあるし、今日はこれにて終了。こういうことは話が早い。二人の意見が一致した。

また、朝通ってきた駅を戻っていって、今度は甲府まで。駅前の前回も泊まったホテルに泊。ホテルの前には、「ほうとう」を食べさせてくれる店がある。もう三度目になる居酒屋に寄る。

早く到着したので、町を散歩することに。甲府城から富士山が見えた。夕暮れ近かったので、ぼんやりとだが。いつも新幹線から見る富士とは裏になる。でもどこから見ても、富士の形をしていてきれいだ。甲府の町は、すでに県庁の木々がきれいに紅葉し、駅前の信玄像は、どっしりと町をいまだ牛耳っている感じだ。

8

２００８年11月11日（火）
勝沼〜鶴瀬〜笹子峠〜初狩〜八王子

勝沼ぶどう郷駅まで戻る。駅から昨日の分岐までは、ざっと3キロ。こんな鄙びた駅にしては珍しくタクシーがいる。相棒は、すぐにでも乗りたい人。自分は歩きたい人。昨日とは逆で、坂を下って転がって？いけばすぐだから歩くことにした。道中南アルプス連峰が、見事だった。

今日のメインは、笹子峠。鶴瀬宿、駒飼宿を抜けると、いよいよ峠に差し掛かる。今日も結構寒い。曇りで気温は上がらない。歩けば大抵は温もるのだが、今日はそうはいかない。リュックから、カッパを出して着た。峠越えだと、勢い込んで臨んだのだが、車が通る道だ。所々、草むらの細い道路に「旧街道」の表示がされているので、一度はどんどん進んでいくと、滝の下に出て、道が途切れてしまった。そこには、確かに「一里塚」の跡があるのだが……。仕方なく、元の分岐まで引き返す。それに、道路にはマムシの死骸が横たわっていたりする。これが生きていて、草むらだったらと思うとぞっとする。無難な所で、舗装道路を歩くことにした。

途中の山々は、紅葉が今を盛りと色づいてきれいだった。

街道を歩いていて、めったに人に会うことはないのだが、さすが東京から来られる圏内なのか、20人ばかりの中高年グループに会った。自分たちとは逆コースで、甲斐大和まで行くという。

しばらく下ると、「矢立の杉」という千年杉がある。あとは、転げるように山道を下った。「黒野田宿」に到達。

普明禅院の庭に、何と桜ともみじが並んで咲いていた。お見事！

また造り酒屋の「笹一酒造」には、世界一の大太鼓、ギネスにも載っているという「世界平和太鼓」が置いてあった。

実は、今日は真木温泉に泊まる予定だったが、あいにく満室だと断られていた。大月まで行きたいと思っていたのだが、手前の初狩で、薄暗くなってしまった。

さて、電車の時間に合わせて、甲府まで戻るか、八王子まで行くか？　昨日と同じでは面白くない、結局八王子まで行くことにした。大月には、宿はなかった。

9 ２００８年11月12日 鳥沢～犬目～野田尻～鶴川～上野原～藤野

今日は、「とりさわ」より出発。、旧甲州街道と国道20号線は、ずっと一緒なのだ。国道だというのに、歩道がない。危ないといったらこの上ない。それも白線からガードレールまで20センチほどのところがある。これで、大型の車とすれ違うなんて、至難の業である。だから怖いので、左を歩く。すると少々避けて、追い越してくれる。でもって、対向車線から来たときが危ない。後ろを振り向いて、車が来ていたら、止まってガードレールにぴたりとくっつくようにして避ける。

こんなにまでして延々と歩くのは、疲れる。だから、峠越えは、田んぼ道のある所を歩くことにした。

鳥沢から犬目宿までは、山越えののんびりとした田園風景が多い。富士山が見えるという絶景場所が、「犬目宿」にあるというのだが、あいにく今日も曇り。その上、寒いこと寒いこと。この三日間は、気温が低かった。峠を越え下り坂に差し掛かった所に「座頭転がし」という場所があった。まさに、崖っぷちで、ぽいと後ろから押したら、崖の下まで一気に落ちてしまいそうだ。

「野田尻宿」へと進む。中央道を横目に歩くと、大椚《おおくぬぎ》一里塚（日本橋から19里）がある。
また中央道をくぐって、しばらくすると、「鶴川宿」だ。鶴川橋を渡って、宿を見下ろすと、紅葉が村を包んでいた。もう少しで、「上野原宿」だ。やっと町に入った。

そろそろ、終わりが近づいてくる。最終は、藤野中学校なのだ。学校のフェンスには甲州古道の看板が掲げられていた。最近になって、つけたらしい。

お昼にラーメン屋から出ると小雨が降っていた。最後となった藤野駅まで雨の中を歩く。道中極力雨を避けてきたのだから、最後の雨は、ご祝儀としよう。特快で新宿直行。

これにて、甲州街道の旅は、終わり。

第4章 日光街道二十一次

2008年1月22日（火）

旅行は大好きで、どんなに調子が悪くても一遍に元気になるという特技があったのだが……。

夕方から何となく微熱が出て息苦しくなった。近所のクリニックに行って、薬をもらい、休養。

24日。

夜はしんどいが、日中は、何とか過ごせるので、とにかく今日から日光街道を歩き出すことにした。

それには一つ楽しみがあるからである。

1　2008年1月24日（木）

10時30分日本橋を出発。

昨日、家に来たセールスのおばちゃんから、南千住の街道筋に美味しい鰻屋さんがあるという情報を得た。

早速そこまでは歩いてみることにして、日本橋を出発。

いつもは行列のできる店らしいが、運良くすんなり入れた。でも待つこと30分。東京の鰻は、蒸して焼くが、関西は直に焼く。

味も舌触りも大きく違う。食べ慣れているせいか、関西風が好きだ。

馬の鼻先に人参ならぬ、鰻につられて、北千住まで歩く。


14時30分到着。

無事初日を終える。

1月29日
昨日は雪で、ダイヤは乱れ、強風の吹き荒れる一日だった。
今朝も雪がチラチラ。去年の夏は猛暑だった。そして今年の冬は寒い雪。異常気象なのか。夜にはやんだ。明日は天気になぁれ。

2　２００８年1月30日（水）

12時30分発。

今朝も病院へ行って薬をもらったが、先生が歩くのはいいですよと言ってくださったので、元気が出た。

「千住宿」は、所々だが昔の面影を残している。環状7号線を横断、49号線と交わったら毛長川を渡る。そこは、埼玉県草加市である。草加といえば、せんべい屋が軒を並べている。今日は、南越谷まで歩く予定なので、のんびりせんべい屋に寄っている時間はない。歩いていて大変なのは、終わりの場所である。最後の地点に最寄りの駅がないと困るわけで、時間に都合良く終わるのも大事なテクニックの一つである。草加の宿は、あっけなく通り過ぎ、綾瀬川に沿って松並木公園を1・5キロ進む。きれいに整備された松並木の歩道は、散歩する人も多く、心地良い通りだった。16時、綾瀬川を渡ると、越谷市に入る。あとは、南越谷駅に向かってひたすら歩く。今日は、ここまで。

3 南越谷（越谷宿）～春日部宿～杉戸宿

２００8年1月31日（木）

10時に南越谷を出発。

「越谷宿」をよぎって流れる元荒川沿いの少し上流の湿地帯では野鳥も多く、鷹狩場があり、徳川二代将軍秀忠の鷹狩り休息地として建てられた御殿があった。

しばらく行くと春日部に入る。１９４４年までは粕壁と称していた。宿場は、粕壁として残っている。

この辺りの民家には、お寺にも勝るような立派な大きな旧家が目立つ。昔の名残を留めている。目を見張るばかりである。

14時、杉戸町に入る。今度は、古利根川に沿って北上。境内に道標がある九品寺を過ぎ、宿場に到着。今までとは少々趣きが違い、昔ながらの旧家が点在する宿場らしい町である。

東武線杉戸高野台駅で、終了とする。

4　2008年2月1日（金）
（杉戸高野台駅）幸手《さって》宿～栗橋宿～中田宿～古河《こが》宿へ

10時出発地点に戻る。快晴。40分ほど歩くと「幸手宿」に入った。地名の読み方は、それぞれ独特の読み方があって、「幸手」（さって）という。初め字だけ見たときは、何と読むのだろう？　と訝ったが、声に出してみると、ごろのいい響きがするではないか。今日でもなく明日でもなく、あ！　さって。なんちゃって。

江戸（日本橋）からの距離は、50キロ。道路の分岐点は、追分といって必ず道標が立っている。右つくば道、左日光道。次の宿までは、7キロある。ほとんどの時間田園風景を眺めながら、時々お寺を覗いて、または、お家を拝見しながら、またまた庭に咲く花や植木を愛で、そして、鳥も観察しながらの早足歩きである。

実は、私の相棒の足のコンパスは長く、およそ私が3歩のところを、2歩で歩く。それだけではない。私は、後ろをついて歩きながら、カメラマンもしている。ペースメーカーは、後ろを振り向かない限り、私がもたもたしながら、シャッター押している間に、お構いなくどんどんと歩みを進めるのであるから、ますます間が開くので、小走りに追っかける。まさに他人から見ると、珍道中に違いない。

「栗橋宿」には、関所がある。利根川の渡し場があったところから、大きな役割をしていたと見える。関所は、どうしてもそこを通らなければ、通過できないところに設けてある。東海道では、箱根の関所、中山道では、碓井の関所。2箇所の関所は、建物としても立派に保存。ここは、石碑が殺風景に立っているだけで、当時の面影は何もない。利根川を渡る。日本で最大の川である。橋の長さでいえば、大井川に掛かる橋が最長である。去年の今頃から始めた街道歩きが、東海道、中山道、甲州街道、そしてとうとう今回の日光街道まで、発展してしまった。ここまで来ると、もう義務？のようなもの。いや、楽しんでいるのだから、趣味の域かな？

川を渡ると、茨城県古河市。すぐに（1キロ）「中田宿」がある。渡しがある所は、両サイドに宿場が設けられている。次の「古河宿」までは5キロ。途中、所々何百年ものの大木が、昔を偲んで突っ立っている。さすがに風格十分だ。一里塚を過ぎると古河宿。立派な街に生まれ変わっていた。

15時20分古河駅で終了。

5 2008年2月2日（土）古河宿〜野木宿〜間々田宿〜小山宿〜新田宿〜小金井宿

10時40分古河駅を出発。

古い蔵を持つ家が、何軒か残っている。宿を出てしばらく歩くと、栃木県との県境となる。「野木宿」は距離が短くて3キロほどで到着。両サイドは、梨の畑が連なる。実が付いたところを見たいな。看板はあるものの、宿場の面影となるものは、実際には何も残っていない。東京からは70キロとなった。途中目の前を「オナガ」がよぎった。関東以東しか見られないブルーのきれいな鳥である。こんなに近くで見られるなんて大感激。

「古河宿」から次の「野木宿」は、3キロ。小さな町で、ほとんど宿場の面影を残すものはない。「間々田宿」までは、7キロ。国道4号線を神社やお寺を横目に延々と歩く。小山市の指定保存木となっている「むくの木」は、遠くからでもその存在は明らかである。街道には、何百年もの前から、ずっと根付いて皆を見守っている大木がある。これは、歴史を感じさせる確たる証拠であろう。小山には、15時到着。今日の予定は、小金井までだ。次の「新田宿」まで5キロ、休む間もなく歩みを進めた。変哲もない道中だが、珍しく馬頭観音があった。ここ日光街道では、珍しい。小金井までは、あと3キロ。電車の時間を気にしながら、バス停があと6コというところからは、歩調も早まり、黙々と歩いた。残りが５コ４コと数えながら……。普通だったら、バス停一つでも、どんなにか長く感じられ、歩きたいなんて思わないのに、街道を歩いているときは、何とも思わないのであるから、おかしなものである。小金井に着いたのは16時40分だった。

歩行距離　25キロ

２月３日

朝から、しんしんと雪。夕方までに３センチの積雪。東京に来て、２度目の雪だ。一日部屋にいて、雪降る街を眺めていた。実に雪景色がきれいに見えるロケーションにあるので、全然見ていて飽きない。でも明日はどうしよう？

6　小金井宿〜石橋宿〜雀宮宿〜宇都宮宿

２００８年２月４日（月）

朝宇都宮のホテルに電話して、積雪の様子を聞く。何とか街は歩けそうだという。朝には、雪も大分解け、電車も通常通り、運行しているというので、とにかく出かけることにする。

大分東京から時間がかかるようになったので、今日からは泊まるため、リュックを背負っての歩きである。

小金井駅を12時に出発。
思いの外、雪解けは早くて、道の脇には、雪かきされた雪が残ってはいるものの、お天気は良くこれなら歩けそうである。歩き始めるとすぐに小金井の一里塚があった。300年前に作られた塚が今も尚その地に残っているというのは、歴史的に見ても、大変重要なことだと思う。4キロ毎に、木を植えて目安とした。

実際には、4号線を外れる道もあるのだが、雪が積もっていて、滑って転んでは大変なので、なるべく日の当たる側を歩くことにする。6キロの道のりを、ずっと雪を踏まないようにと下を見ながら、歩いていた。

「石橋宿」～「雀宮宿」　6キロ

一面白銀と化した畑、所々大根や白菜が頭を覗かせている。なんとも可愛い。とはいえ、油断やよそ見は禁物である。緊張の歩行が続く。丸大ハム工場を超えた辺りから、左手に陸上自衛隊宇都宮駐屯地が、見えてきた。

「雀宮宿」～「宇都宮宿」　8キロ

「雀宮宿」を挟んで、駐屯地は、まだまだ続く。「雀宮宿」の名前は、町の中心にある雀宮神社に由来したものである。宿場の面影は、ほとんどない。富士重工の手前西原の交差点で、4号線から分かれ、119号線に入る。不動前交差点から400メートルの所が、木戸跡。いよいよ宇都宮宿に入った。左手にいくつかの寺を通り過ぎると裁判所に行き当たる。右に折れると、奥州街道と日光街道の分岐点（いわゆる追分け）がある。やっと、ついたぞぉ。安心するには、まだ早い。宇都宮駅までは、まだ2キロ以上歩かねばならない。街は残雪が凍って、滑りやすく危険な状態だった。繁華街のアーケードに入ると、そこは、ジャズの街と謳っているだけあって、賑やかにジャズが流れていた。今まで、寒かった心も体もほっと温かさを覚えた。あとは駅に向かって餃子の店を探しながら、歩くのみ。結局、街道筋を歩いたので、店は見つからず、駅に着いた頃には日が暮れ、ネオンが輝いている駅の構内にある人気の店で食べた。天下の宇都宮餃子は美味しかったな。中国餃子の風評になんか負けないで、がんばってよ。宇都宮に泊まる。

7

2008年2月5日（火）

宇都宮宿〜徳次郎宿〜大沢宿〜今市宿

さあ、日光へ向けて最後のスパートだ。

あと40キロとなった。1日では、ちょっときつい。無理をすることもあるまい。それに、この先は、雪が解けてない所があるだろうし。今朝は、出発地点までは、3キロ弱で30分を要した。追分けからスタートである。まだまだ雪かきされ積み上げられた雪が、通りのあちこちに残っている。雪がほとんど降らない倉敷に住んでいる自分は、恥ずかしながら、東京以北はみんな雪国だと思っていた。だから、冬に日光街道を歩けるなんて夢々思ってもみなかった。

宇都宮から徳次郎までは、9キロ。119号をしばらく歩くと、桜の並木道がある。地名に上戸祭というのがある。桜の季節には、きっと素晴らしい花で一杯になるのだろう。一抱えもするような大木が、延々と続く桜並木を進み下徳次郎に到着。そして、中、上徳次郎と続く。あまり宿場の面影がないので、いつ通過したのか、分からなかった。

歩道は並木の外側にあって、内側を車が走っている。

徳次郎～大沢～今市～鉢石～日光宿

徳次郎から大沢までは11キロ。延々と続く杉並木道。歩道には、段々残雪が多くなっていく。ややもすると、足が滑りそうになる。深雪の所は、ザクザックと埋まりながら歩く。靴には防水が施されてはいるものの、徐々に重くなっていくのが分かる。そして、歩調も明らかに鈍ってくる。前方に雪を被った男体山を臨む。そろそろ日光に近づいている。周りの景色を眺める余裕すらなく、一生懸命足元を見ながら歩みを進めていった。宇都宮市から今市市に入る。

大沢駅は、街道筋から2キロほど離れている。当時の日光詣では、きっと宿場として大層な賑わいを見せていたに違いない。

「大沢宿」～「今市宿」

まだまだ本格的に続く杉並木。今市宿までは、９キロ。だあれも通らない歩道は、雪で覆われるようになった。もう限界である。車道を歩くことにする。将来的には、車を全面廃止して、歩道としての並木道にするらしく、新道の道路工事が行われていた。こんなに立派な杉並木は、全国でも類がないだろう。でも惜しいことに、長年の風雨に耐えかねて、所々に、「風による倒木に注意」という立て札が掛かっていた。それも致し方ないのだろう。

杉並木が途切れたら、そこは、今市の町だった。やっと到着。もう16時。今日はこれまでにして、宿探しだ。

一応市と名のつく所なら、ホテルの一つ二つはあるだろう、とタカをくくって臨んだのが、大きな間違いだった。現実はそう甘くはなかった。目ぼしいホテルがあったので、覗いたが満室だった。観光課もなく、駅員に尋ねると、ほとんどが、鬼怒川温泉へ泊まりに行くという。宇都宮でも宿がなく、仕方なく、そのまま新宿まで直行。

これぞ、ほんとに日光まで今いちの所で、終わったことになった。

これにて、日光街道の旅は、一旦終わり。

8　今市宿～鉢石宿～日光東照宮

２０１０年６月24日（木）

日光街道は、あと今いちの所、今市で終わりとしていたが、今市から日光までの９キロを残していた。

２００８年２月５日から、早２年と４か月が経過していた。前回は、残雪を踏みしめての歩行だったが、今回は、梅雨の合間で暑い。

１時間に一本しか走っていない日光線の９時12分に乗ることができた。それに乗るには逆算して、大宮から宇都宮までの新幹線を利用する。いとも簡単に乗れると思って楽観していたら、どの線も（秋田、山形、東北）満席。駅員さんが、「ＭＡＸやまびこのグリーンだけ空いています」と教えてくれた。こんなときには、このフルムーンパスが威力を発揮する。

よくよく見ると「日光線」は、クラシックカーである。前にも乗っているのだが、ゆっくりと見てない。時間の余裕というのが、どんなに大切かが分かる。

電車の、あの聞き慣れた、ガッタンゴットンに加えて、異様なキーキーときしむ音が混ざって聞こえる。今にも脱線しはしないか？　心配になる。このラインには、東武日光線があるため、利用者は少ない。が、宇都宮からはこれしかない。

今市10時出発。

実は、歩こうと言いながら、何も調べていなかった。どうせ、杉並木の一本道だろうとタカをくっていた。今市の町には、「いまいちの水」といって旅行く人に水を提供しているのだろうか？　所々に見られた。

結局鉢石宿までの約8キロの間は、ずっと杉並木が続いているのみで、宿場らしきものはなかった。この時期30度近い気温だが、涼しく歩き良かった。

「鉢石宿」

ＪＲ日光駅、東武日光駅を過ぎると、日光の町並みに入る。古い家が、所々に建ち並んでいるが、そのどれもが、「羊羹屋」であった。名物なのだ。まあ、帰りでもいいかと、素通り。木立から抜けるとやはり暑い。少しでも早く最終地の日光東照宮にたどり着きたい。着いたと思っても、そこからの1・5キロは、何と長いことか。気分の持ち方で、こうも長く感じられるものである。入口では、「世界遺産」と書かれた石柱が迎えてくれた。階段を上り詰めると、そこは、東照宮である。すでにお昼は過ぎて、着いたという安心感から、社寺を巡る元気も出ない。今日はこれにて終了とする。というのも、門のすぐの所で、タクシーが待機しているのを見つけてしまったからだ。相棒はといえば、何しろ、到達するまでは黙々と歩くのだが、終わったとなると、もう一歩も歩きたくない人。お腹も空いてきたし、さっさとタクシーに乗り込んだ。東武日光駅の周りの食事処で、またまたソバをいただく。日光は、「ゆばソバ」が名物だ。

結局帰りは違う道で、羊羹は買えず、土産は漬物（名産）に変わった。

教訓　欲しいものが目に留まったらその場で買うべし。あとにはないことが多い。

随分駆け足で長い時がかかったが、完全に「日光街道」を終えた。

第5章 奥州街道百十四次

前回の日光道で宇都宮までは重複しているので、宇都宮からとなる。私の東北地方のイメージでは、寒くて随分遅い春で、雪など残っているというものだが。

歩くというのは、すごく温まる運動で、冬でも薄手の重ね着をして、随時脱いでいく。荷物は自分で背負っていかねばならないので、ほんとに最小限の荷物にする。今回も相棒との二人旅、ほとんど何も決めない“just walk”の始まり。

1

2008年4月15日(火)
宇都宮~白沢宿~氏家宿~喜連川宿

新幹線の中で、駅で買ったおにぎりと野菜ジュースで腹ごしらえをする。約1時間の電車は、格好の食事タイムである。車内では、早くも東北弁が飛び交っている。耳を澄ませて聞くのだが、ほとんど聞き取れない。前回歩いた埼玉県の車窓を懐かしく眺めていると、あっという間に到着。

宇都宮を7時に出発。

「白沢宿」に向けて歩みを進めると、宿の名残りを見事に残した篠原家住宅が目に飛び込んだ。現代の町並みに200年もの古い建物が、さりげなく共存している様に、少々違和感はあるものの、何もかも古いものが淘汰されている時代に貴重な存在でもあるのかなと思った。

桜は予想より早く散り始めていて、花吹雪を浴びながら、花びらの絨毯を踏みしめながらの歩みとなった。街道沿いの家々の庭には、チューリップやスイセンが色とりどりに咲き誇って出迎えてくれた。町並みを外れると、野の花のタンポポや土筆が、所狭しと咲いている光景に出会う。やっぱり、春はいいなぁ〜。

次の「氏家宿」には、お昼に着いてしまった。初日にしてはペースが速い。

今日泊まる「喜連川宿」には、古そうな宿が一軒あるだけ。今晩の予約は取ってある。喜連川まではおよそ8キロ。途中の鬼怒川の土手でひと休みして、宿の手前のなが〜い桜の並木をじっくり眺めても、3時には着いてしまった。喜連川神社の上が小高い山で、公園になっている。もう散りかけていたが、花提灯が花見の余韻を物語っていた。4時、宿の旦那さんが愛想良く、お手製ブレンドのウエルカムコーヒーで出迎えてくれた。想像していたよりきれいで、大正ロマンの雰囲気漂う部屋は、疲れた体を心地良く休ませてくれた。氏家と喜連川は合併して、さくら市となっている。

2　2008年4月16日（水）
喜連川〜佐久山〜大田原〜鍋掛宿

実はここから白河までの詳細のルートが分からないでいた。昔の街道というのは、現在の国道や県道を少しずつ離れた所にあって、酷い所は、あぜ道、畑の中、ブッシュであったりすることもある。今回は慣れもあって、詳しく調べていなかった。まあそこは、勘を頼りに進むしかない。少々違っていても北へ北へと進めばよいわけだから。

ということで、佐久山を経て大田原の町に到着。丁度お昼になったのだが、肝心のレストランが見つからない。荷物になるから、食料は一切持たないことにしている。コンビニでトイレを拝借すると必ず何か買うからである。いつも頭を悩ませるのが、昼食である。あいにく街道筋の宿場には、お店たるものが皆無といっていい。ましてや道中もしかり。どうしてもないときは、道をそれて県道や国道に出る。

今日は欲を言えば、芦野まで歩けるかなぁと思いながら、鍋掛十文字までたどり着いた。15時、芦野までは12キロ。宿はそこまでない。無理して歩くしかないと決心。1軒しかない芦野温泉の宿に電話を入れた。返事は、すげなく「予約のない宿泊は受け付けません」とのこと。そ、そんなぁ〜。一気に気力が失せてしまった。こうなったら、一番近い最寄りの駅まで歩くしかない。まだここから黒磯駅までなら歩くことができる。12キロのことを思えば大したことはないと、駅に向かって歩き出した。十文字から西へ延びる道は、まっすぐ一本に延び、先が見えない。こんな折、余計に行く先が遠くに思える。計算では、４キロで大した距離ではないのだが、精神的にその距離は、倍にも三倍にも感じた。１軒だけあったホテルが見つかったときは、どんなに安堵したことか。お天気なのは明日までで、2、３日雨が降るらしい。雨だと無理して歩くこともないので、思案していたら、那須に別荘があるから、「遊びにおいで」と言ってくれていた、小学校時代の友人のことを思い出した。ほろ酔い気分でかけた突然の電話にもかかわらず、快く承諾してくれた。そしてお言葉に甘えて別荘にお邪魔することとなった。

次の日分かることになるが、何とその別荘は街道筋だったのだ。もっと早く連絡していたらよかったのに、今日の歩きは無駄だったのか……。

歩行距離　35キロ

3　鍋掛～越堀～芦野～白坂～白河宿

２００８年４月17日（木）

今朝は、昨日の鍋掛十文字までは、タクシーで戻った。何が何でも今日は、白河宿まで歩いて、一応奥州街道を終わりたい。そんな意気込みで。

6時30分出発。

8時、昨日宿泊を断られた芦野温泉を通過。「芦野宿」を過ぎたところに、芭蕉が立ち寄ったという遊行《ゆぎょう》柳がある。

「田一枚　植えて立ち去る　柳かな」芭蕉

芭蕉は随分長時間眺めていたのだと思われるが、昔の実際の一枚の田は、畳何畳のものだったらしい。しばし、柳の下で休んだのだろう。我々も丁度運良く、新芽を噴出した柳と満開の桜、そして田植えの準備をしている光景に出会い、芭蕉の気分に浸ったものだ。

「芦野宿」を過ぎ、白坂までは12キロ。奥州街道白河の関は？　おっと、今の今まで、自分は大きな誤算をしていたようだ。芭蕉は、白河の関を通って白河に至ったと書いてあったため、これまで歩いてきた白河へ向かう途中に「白河の関」があると思っていた。ところが白坂から白河までは3キロ程という標識と同じ場所に、白坂から「白河の関」までは6キロとの案内表示があった。はて、どちらに進もうかと思案していたら、丁度そこで、昨日の彼女に出会う。さしてコースは、はちゃめちゃ。挙句の果ては、白河の関には、彼女の車で行くことになった。

ついに白河の関までたどり着いた。

色々あったが、一応五街道の終着点である。あとの仙台、青森までは付録、いやずっと続いている。

4
2008年4月20日（日）
まだまだ続くよ青森まで

東京朝一番の東北新幹線で、白河宿へ。地図に沿って歩き始めたにもかかわらず、何だか目標の橋にたどり着かない。あらら、4キロばかり無駄足を踏んでしまったようだ。引き返すことの悔しさ。歩きは1キロだって大変だ。それも、間違えたとあって、気分も良くない。お互い相手に非難を浴びせ掛ける。でも、取り返しはつかない。前進あるのみだ。

「根田宿」「小田川宿」「大田川宿」「踏瀬宿」「大和久宿」「中堀新田宿」「矢吹宿」と咲き誇った桜やわずかに残った松並木の宿場を渡りながら、粛々と歩みを進めていった。宿場とは名ばかりで、ほとんどそれらしい痕跡は残されてない。

足を引きずりながら、それでも今日はよく歩いた。こうなると、根性以外の何ものでもない。歩いたあとのビールは格別旨い。ただそれだけが、目当てなのかもしれないと思うほどだ。郡山泊。

歩行距離　26キロ

5　2008年4月21日（月）
三春の滝桜

郡山のホテルでたまたまつけたテレビで、「三春の滝桜」をライブ中継していた。喜連川の旅館の主人が、三春を紹介してくれたことを思い出した。でもどの辺にあって、どんな桜か、何も知らなかった。テレビの映像を見た瞬間、「あ、これを見ないで過ぎていくことはない」と、街道筋などどうでもいい、とにかく見に行こうと決めた。それは、不便な所にあって、三春駅からの朝一番のバスにもかかわらずぎゅうぎゅう詰めだった。日本三大枝垂れ桜の一つで樹齢1000年というだけあって、まさに滝のようにこぼれ落ちる滝桜を見た瞬間圧倒された。何も知らずして、こんな見事な満開の桜に出会えたことは、幸運としかいいようがない。

「早起きは、三文の徳」というが、確かにそう思う。郡山には、10時半に帰ってきた。そこからまた、街道歩きが始まった。今日も郡山の同じホテルに泊まることにしているので、リュックを預けてきた。今回は初めて手ぶらで歩くのだが、楽そうに思えるが、何となく、フラフラと重心をなくしたようで、落ち着かない。背負っているときは、重いなぁと邪魔に思うくせして、勝手なものである。

福原、日和田、高倉、本宮宿まで、街道筋の各家の庭庭にここぞとばかりに咲き誇る花々が、心和ませてくれた。

しかしながら、問題はある。街道は国道を外れているので、お昼が来ても、食事処がない。それを予測して、宿場には大抵あるお菓子屋さんに寄って、和菓子を2個だけ買って食べることにしている。それでも1時を過ぎるとそろそろ限界が来る。すると突然ど派手なラーメン屋が目に飛び込んできた。暖簾をくぐると、お店の主人がいやに愛想が良くて、餃子を勧める。ラーメンだけでいいと思ったが、あんまり勧めるので、しかたなく野菜餃子、にら餃子、エビ餃子と注文してしまった。あとで分かったのだが、つい最近、テレビにお店が紹介されたのだ。それで、来てくれたと思ったらしい。とにかくお腹が満足すればそれでよし。

少し早いけど、3時には切り上げた。

歩行距離　18キロ

6　2008年4月22日（火）
本宮、杉田、二本松、二本柳、八丁目、若宮、清水町、福島宿

今日は福島まで歩きたい。7時の電車に乗った。

歩き出したのは、7時40分。丁度子供たちの登校時間。可愛い小学生のグループに混じりながら、次には女子中学生に合流。一緒に歩いていると、何だか自分も子どもに戻った気分でいる。校門まで一緒に歩いてみた。

「二本柳宿」は、高村智恵子の生家があり、酒屋を営んでいる。左手にいまだに雪を被ったきれいな連山が望めた。あれが、有名な安達太良山だったのだ。

学校で習ったことのある、聞いたことのある地名や場所に出会うと何となく嬉しい気分に駆られる。

初めて見る山なのに不思議と懐かしさを覚える。

安達太良山を左手にずっと眺めながら、緩やかな峠や急な峠をいくつか越えた。福島の街を一望できる小高い公園にたどり着いた。まだ桜満開。桜のシャワーを浴びて一休み。近くに見えて遠いとは、よく言ったものだ。それからビル街にたどり着くまでの長かったこと。でも、福島駅ビルで、旨いものを見つけて、疲れは一遍に吹き飛んだ。「ずんだもち」だ。青い

ソラマメのあんをまぶしたあま～いおもち。甘いものに目のない自分は、嬉しかったね。

7

2008年4月23日（水）
桑折、藤田、貝田、越河、斎川、白石宿

満開の桃畑

桃やアンズの見事なまでのピンクや白い花にあふれた桃源郷が広がる、まるで夢の中にいるような田園風景を進んだ。田んぼで果樹の世話をしているおじさんが、この時期はあまりにも桃源郷が美しいので、「東北本線が徐行する」と教えてくれた。それは、ほんの2週間ばかりだから、それくらいのサービスをする価値はあると思った。

宿場以外は、ほとんど田園風景の中を歩く。といっても宿場自体も何もない。そんな歩きにいささか退屈気味なのか、相棒の歩みは黙々とスピードを増していった。

もちろんペースメーカーで、後ろを振り向くこともない。どんどん差が開いてくる。終点が近くなったので、仙台の牛タンが頭をよぎっているに違いない。とにかく、前へ、先へと行動する人なのだ。最後になって喧嘩はしたくないが、少々気分は良くない。白石城を見上げながら、諦めて駅に向かった。お昼はとっくに過ぎていて、到底仙台まで腹の虫

は収まりそうにない。駅のまん前に「温麺」（うーめん）の店を見つけた。時間がないので、相棒が切符を買いに、私がうーめんの注文と分担して、何とかかきこんで、電車に間に合った。このうーめんも旅番組で見ていた。相棒は、何でもしたがるミーハーな私のことを疎ましく思っているに違いない。

今日は白石宿まで。

今日泊まる仙台まで行き「榴岡公園《つつじがおか》」で、最後の枝垂桜を愛でた。ここにもあの三春の滝桜の孫という木があった。黄色の御衣黄桜も咲きかけていた。

待望の牛タンのお店へ。一通り、刺身、焼き、蒸す、揚げると牛タンを堪能した。もちろん、地酒を賞味するのも、忘れてはいない。

8

2009年4月18日（土）
白石〜大河原〜船岡〜槻木《つきのき》

さて今回は、前回の最終地白石からの出発。丁度、1年前になる。桜の追っかけをやっていた、奇しくも同じ時期になった。今年は、温暖化で開花が少々早まったみたいだが、何とか待っていてくれよな。

東京を朝一番６時12分の新幹線に。幸い新幹線が止まる駅だったが、ローカル線の白石駅までは、歩いて20分はかかった。

白石８時30分出発。

白石川を渡ると４号線沿いの歩きとなる。仙台に向けて桜と共に北上する。左手にはまだ雪を被った蔵王がずっとついてくる。雪と桜を一緒に愛でることができるのは、この地方ならではだ。

さて、桜の名所大河原にたどり着いたのが、丁度お昼。とても楽しみにしていたのだが、もう終わりかけていた。でもその数の多さは、土手一面にずらっと並び、千本桜というにふさわしい光景だった。まずは、最初の桜は、セーフというところだ。

今日はどこまで歩けるか？　４号線を離れ、50号線に沿って船岡、東船岡と進み、槻木に３時10分到着。この時間になると、次の駅までが、随分と遠くに思われる。東北本線で仙台まで。

仙台泊。

槻木駅到着15時10分

歩行距離　28キロ

9　2008年4月19日（日）

槻木〜岩沼〜館腰〜名取〜長町〜仙台

夜明けは早い。仙台から槻木に戻って7時出発。

陸羽街道となっている50号線を阿武隈川に沿って土手を歩く。朝日に露を浴びたスギナがキラキラと輝く。自然の芸術作品だ。清々しい一日の始まりである。

岩沼の手前に、竹駒神社があった。日本三大稲荷だという。信者らしい参拝者が、お供えに「おいなりさん」をあげているのを初めて見た。いや、初めて気づいたのだろう。こんな些細なことにも、感動を覚える自分がいる。

岩沼を過ぎ田園に近づくにつれ、だんだん町の様相を呈してくる。丁度お昼「えごまラーメン」という看板を見つけ、珍しいので立ち寄る。この地方の名物らしく、ごまを自分ですり入れて食べる。何が名物で、これを食べたいとかいうことはなく、とにかく目に留まった面白いものがあると、食したり、見たりと、行き当たりばったりなのだ。それが、新鮮だったり、発見だったりとワクワクさせられる。

お腹も良くなって、ぽかぽか陽気に、それでも足は前へ前へと運んでいく。町全体の開発工事が進んでいる長町に差し掛かった所で、信号待ちとなった。相棒は、すでに渡って、先に進んでいた。丁度そこにふさふさときれいな草が生えていて、思わずしゃがみこんで、休憩？と思って、リュックを降ろして抱え込んだら、何といつのまにかその状態で、寝込んでしまったようだった。耳元で、男子中学生の会話が聞こえた。どれくらい時間が経っていたのだろうか？　いや、ほんの2、3分？　でも、他人が見たら、信号の手前で、倒れているように思ったに違いない。いやぁ～我ながら、失態である。でも、気持ち良かったなぁ。こんなこと初めてである。疲れていたのかも。思わず男の子の顔を見上げて、笑ってしまった。二人も安心して立ち去った。

このまま街道を進んでいき、仙台駅を通り越して青葉城へと続く。高台にある伊達政宗像と一緒に、町を見下ろした。駅への「青葉通り」の一角に「芭蕉の辻」があった。芭蕉は、まだ最北平泉まで行っている。駅前のホテルに着いたのは、16時を回っていた。欠かすことのないのは、地酒の吟味。「一の蔵」という銘柄に惹かれて、買って帰った。

仙台といえば、やっぱり牛タン。昨年と同じ店に、足を運んでいた。

歩行距離　34キロ

10　仙台～八乙女～七北田宿～富谷宿～吉岡宿～三本木宿～古川

2008年4月20日（月）

ある程度は、旧街道に沿って進んでいるのだが、鉄道路線が外れている所を歩くというのには、問題がある。バスもタクシーもない。その上宿もない。今回も一ノ関までは、東北本線から随分と離れてしまう。少なくとも途中の新幹線の駅がある古川までは歩かねばならない。だが、どんなにあがいても一日に歩ける距離ではない。そこで、しばらく地図とにらめっこしていたら、相棒に妙案が浮かんだらしい。少しルートとは離れているが、地下鉄で泉中央駅（終点）まで行って二つの宿場を飛ばし、距離稼ぎをすることにした。

地下鉄泉中央駅6時10分発。

さてこの時期朝の早いのは、気持ちがいい。朝食は、コンビニのお決まりコース。いくら人通りが少ないとはいえ、仙台の地下鉄駅の前のベンチで、おにぎりをほおばる姿は、どう見ても浮浪者？　いや、紛れもない浮浪者だ。こんなスタイルにもいつのまにか慣れっこになって動じなくなってしまった。

この辺りからずっとベッドタウン、団地が続く。土地区画整理したため、旧道は全く消え失せている。団地の中をぐるぐる巡って、やっと抜けることができた。あ〜あ、せっかく時間を節約してルートを短縮したのに。街道筋から古川駅までは、かなりあった。

古川着15時50分。

歩行距離　35キロ

11

2008年4月21日（火）

昨夜の予報通り朝からどんより。一日雨らしい。待機していたタクシーで、昨日の場所まで走ってもらった。今日の行程は、昨日と同じ。いやもっと大変で、途中に宿がない。もちろん、交通手段は何もない。それでも歩き出したからには、前へ進むしかない。途中高清水に旅館がある。私はといえば、せめてそこまで歩いて、泊めてもらおうか?と考えながら歩いていた。相棒はというと、その先の「築館宿」まで行って、タクシーで、「くりこま高原駅」まで出て、新幹線で次の一ノ関に行こうと考えていた。

雨は、そんなに土砂降りではないが、何しろ4号線を走るトラックの容赦ないしぶきを思いっきり受けたので、またたくまに靴は、ずぶぬれとなった。時々、靴下を絞っては履き、また絞っては履く。でも、不快感は少しもなかった。何かリュックから取り出そうにも、雨の中では、到底無理。そこで、相棒が突然走り込んだのが、精米機のボックスだった。雨宿りになるし、格好の台があって、リュックを広げることもできる。今まで、そんな小屋があっても目に留まったこともない。今はありがたい存在で、何度か雨宿りさせてもらった。

結局相棒の希望通り、「簗館宿」にお昼には到着した。レストランに入り、下着を一式着替えた。もうこれ以上、歩く必要もない。無事くりこま高原から一関に。そうこうしているうちに、雨もやんだ。

一関の町をゆっくり探索し地酒を探しゲットする。今回は「世嬉の一」という酒蔵にお邪魔。樽から直にビン詰めしてもらい、手書きのラベルももらった。

雨の中を歩いたことで「もう雨なんか怖くない」といやに自信が持てたような。

歩行距離　23キロ

12

２００８年4月22日（水）

簗館～宮野宿～沢辺宿～金成宿～有壁宿～一ノ関

新幹線で一駅、くりこま高原駅まで戻る。7時。

さて、昨日雨でざっと通り過ぎた双林寺からの出発。今日は、青空がいっぱいだ。

早朝の寺は、何百年も経てきた大木に囲まれたしじまに、気持ちも落ち着いて爽やかだ。

栗原市に入ると、街道は、鄙びた田園地帯が多い。何の変哲もない田んぼ道だが、風当たりはいい。まあ、お天気だから許されるが、昨日のような雨だったら、とても歩くことはできない。「雨ニモマケズ、風ニモマケズ」とは、宮沢賢治の故郷（岩手県）に近いので、こんな状況なのかな？　なんて、勝手に解釈。

根岸では、川に架かるこいのぼりが、はためいていた。この辺りでは、何度か目にした光景であった。そして、ついに宮城県と別れを告げ、岩手県に入った。

一関到着15時10分。

歩行距離　27キロ

13

2008年4月23日（木）
一関～平泉～前沢宿～水沢宿～金ヶ崎宿

一関5時30分発。

目が覚めたら、何時でも出かけられる。いつものようにコンビニで食料を買い、何と今回は、歩きながら食べる。いざ歩き出すと、格好の場所がなかなか見つからない。それに、道路沿いだと尚更適当な場所がないからだ。

何でこんなにまでして、時間を稼ぐのかよく分からない。少しでも先に進みたいからだろう。朝は、気分もいいし空気もきれい。人も車も少ない。歩くには、都合がいい。

先に毛越寺に着いた。小学生に道を尋ねたら、自分が行く方向だと言う。子供たちと一緒に登校している気分でついて行ったら、お寺の前が、学校だった。平泉の町は、整然としてきれいな町並みだった。学校も何となく風格が漂っていた。

朝まだ早く、寺の中へは入れなかったので塀越しにちらりと庭を覗き見し、次の中尊寺に向かった。山道を僧侶たちが、箒で掃ききれいにしていた。本堂にお参りして線香をあげたが、きれいに渦巻いた灰に差したのは、自分たちが今日最初だった。庭の池では、思いがけず大きな水芭蕉を見つけた。下りがけに珍しい花、あとで名前を調べて「えんれいそう」だということが分かった。金色堂も時間が早く中は見られなかった。「衣川の合戦」があったところを見下ろして、下山した。

次に水沢に入ったが、ここは市が合併、名前が奥州市となっていた。花もドウダンツツジや桜が満開。花カイドウもこんな大きなのは初めて見る。だが、結構風がきつく、気温は上がらず、寒くて着るものがなく、カッパを羽織ったほどだ。

どうしても前沢牛が食べたいとお昼が過ぎても執拗に店を探していたら、あるものだ。ステーキ屋を見つけることができた。思えば叶うものである。

今日は、朝早くから歩き出しているので、最寄り駅金ヶ崎で終わりにしよう。

電車で、北上まで。

歩行距離　36キロ

14

2008年4月24日（金）
金ヶ崎～相去鬼柳宿～北上～花巻宿

金ヶ崎7時出発。

昨日泊まった北上川の少し西を北上。1時間ばかり行った所で、江戸から128里目の「二子一里塚」がある。この先の「成田一里塚」と二つは、全国でも原形のまま残っているのはここだけ、という立派な塚である。

次に「花巻宿」のある街を過ぎ、駅花巻空港までは、変化のない4号線ばかり歩くので、途轍もなく長く面白くもない。次の駅「石鳥谷」までは、もう歩けそうにない。

17時に盛岡に到着。裁判所の庭にある「石割桜」に明るいうちに、ご対面となった。だが残念ながら、雨が降ったこともあって、花は終わりかけていた。年々いまだに石を割り続けているらしい。

花巻空港到着16時20分。

歩行距離　33キロ

15
2009年5月18日（月）
北上〜花巻空港〜石鳥谷〜盛岡

花巻空港駅6時。

降り立つと早速カッパを身に着け、リュックにカバーをかけ、重装備になった。風があると傘もさせない。幸いに大降りではない。「何とかなるさ」と、歩き出す。時々降りが激しくなると、軒を借り、雨宿りをした。30分ほど歩いた頃西の空に虹を見た。北に向かって歩いているわけだから、朝日が雨粒を照らし、きれいな虹になって現れた。それは、見事な虹で、ず〜っと、ず〜っとついてくる。だんだん鮮明に、二重になったり、麓まで見えたり。そして、この虹のショーは、何と1時間にわたって、繰り広げられたのである。この先いいことありそうな！

左手にずっとついてきた虹もお天気になったので、消えていった。しかし、そのあとが大変。強い風に見舞われた。建物がない場所では、風を防ぐ物もなく、立っているのもやっとという場面すらあった。次の日の新聞に載った最大風速26・9メートルを記録した紫波町を歩いていたのだ。

何とか、怪我もなく歩き続け、次第に風も和らぎ、家々の庭に咲き誇る1か月は遅い春の花を楽しむ余裕も出てきた。

「石鳥谷宿」から「郡山宿」へと進み、いよいよ盛岡市へ。町に入り、南部藩の土蔵、古い屋敷が立ち並ぶ街道筋を抜け、盛岡城までたどり着いた。

盛岡着16時。

歩行距離　32キロ

16　盛岡～渋民宿～沼宮内《ぬまくない》宿

2008年5月19日（火）

今朝は、昨日と打って変わって快晴である。山頂に残雪を頂いた岩手山が、きれいな姿を見せてくれる。今日のコースは、ほとんど岩手山と共に歩くことになる。

盛岡6時20分出発。

盛岡の町を抜けてしばらく歩いていると、昨日の強風で大きな木が倒れているのを見かけた。

2時間ほどで、大きなダム湖（南部片富士湖）が現れた。そこからの岩手山は、まさに富士のようで、湖とマッチして、素晴らしい景観を見せてくれた。それもお天気が良くて、幸いだった。「新奥の細道」と称して、「岩手山眺望のみち」ウォーキングコースにもなっている所だ。およそ1時間半かけて、湖の周囲を歩いた。そして山を越えたが、山間では、田植えが盛んに行われていた。確かに時期的には早い。左手についてくる岩手山は、どの角度から見ても富士のように美しい。木々の葉も今芽吹き出したばかりで、黄緑色の鮮やかな色が、目にまぶしい。

岩手町に入ると、北緯40度線がある。これを売り物にしているようだ。

随分と北にやってきたものだ。

今日の終点は、沼宮内駅。

「いわて銀河鉄道」に乗る。この路線は、東北線ではなく、第三セクターでやっている。それも盛岡から八戸までは、「いわて銀河鉄道」「青い森鉄道」の二本が走っている。名前が実にいい。駅舎もとてもきれいで気持ち良い。盛岡にまた戻ってきた。

今夜は、スタミナをつけるため焼肉と、そして前回食べられなかった冷麺をいただいた。

沼宮内駅到着15時45分。

歩行距離　33キロ

17

2008年5月20日（水）

盛岡～沼宮内《ぬまくない》～小繋《こつなぎ》～二戸

今日も一番電車（5時40分）で盛岡から沼宮内駅まで戻る。

沼宮内出発6時10分。

朝からよく晴れて、岩手山がきれいだ。

北上川は、どんどん狭く小川のようになっていく。そして「北上川源流公園」にたどり着いた。源流だという水が、杉の根っこから滴り落ちているというのも面白い。

さてここから山越えとなる。旧奥州街道だが、全長13・3キロの自然歩道ともなっている。新道4号線が造られたときも、ここは、旧道としてそのまま残されたので、一里塚が珍しく両サイドに残されていた。幾重にか気持ちの良い山坂を抜け（途中奥州街道最高地点をも過ぎ）今日のメイン地点の小繋に到着。

噂に違わず、山の中にその小繋駅はあった。

道路を挟んで、商店があった。それは、映画「待合室」で見たまさにその家。

主演女優のモデルとなったそのおばちゃんはいるだろうか？　買い物を装って、尋ねてみることにした。

「私が、主人公で、女優さんとは、二つ違いです」と言われる。

お元気で今も店の番をしており、映画に使われた台所や部屋を見せてくださった。何だか初めて会ったような気がしないで、親しく話に花が咲いて、すっかり買い物をするのを忘れてしまっていた。別れ際に買おうとしたお菓子やジュースを、どうしてもお代は受け取れないと執拗におっしゃって、頂戴することと相成った。あとで、相棒に「それは、あなたが悪い。先に買い物をすべきだ」とたしなめられた。

その間、相棒は駅の「命のノート」を読んでいた。結局、自分は時間がなくて、ほとんど読んでないが、書き込みだけはしておいた。「一緒にお茶をしませんか？」と親切におっしゃってくださったが、そんなに時間をかけておれないので、惜しみながら別れを告げ、次の小鳥谷《こずや》へ向かった。

また、初めて知ったことだが、こちらでは、「ぎぼうし」を「うるい」、訛ると、「うれ」と言い、山菜料理として食する。沢山栽培していた。

小鳥谷到着15時30分。

１時間待って銀河鉄道で二戸まで行き泊まる。

歩行距離　31キロ

18
２００８年５月21日（木）
小鳥谷～一戸《いちのへ》～二戸《にのへ》～金田一宿～三戸《さんのへ》

小鳥谷駅７時出発。

駅の案内板に郷土料理「ひっつみ」「くしもち」「へっちょこだんご」の写真があった。どれも小麦粉を使った、昔ながらの懐かしい食べ物だ。

早速山道に差し掛かった。山ぶきが、道べりに一杯自生している。

急に自分の少し前をおばあちゃんが、歩き出した。今日は、一の市が一戸であるのだとか。町に着くと、市の店が軒を連ねていた。野菜苗、花、種、雑貨、果物。みんな嬉しそうに買い求めていた。

宿場とおぼしき町並みを過ぎた所にある高校の前で、突然男性に呼び止められた。自分が、資料の紙を手にして歩いていたのを目にして、街道を歩いているのだと推察したらしい。先回りして、待っていたみたいだった。で、今歩いているこの道は、旧道ではないと言うのだ。そう、さっきお寺まで行って引き返したのだが、そのまま前を通り過ぎて、今いる高校の裏に出るのが正式ルートだから、その間違った地点まで、車で送ってあげようとまで言うのだ。自分たちは、そんなに正確に忠実に街道を歩いているわけではなく、歩きやすい場所を歩いているので、丁重にお断りをした。その先のルートが不安だったので、教えてくれて助かった。

「末の松山道」（美しい日本の歩きたくなるみち500選の一つ）の森林山道を越え、二戸へと降りてきた。二戸には九戸城跡がある。なぜ、九戸なのか？　ほとんど何も残っていない。お昼を過ぎた頃から、気温はぐんぐん上がり、何と29度となった。４号線を歩いていて、太陽をさえぎるものはなく、くらくらめまいがするほどだった。

もう、見栄も外聞もない、タオルハンカチを濡らし、頭に被った。こうも気温に変化があると、体もついてこない。そうこうするうちに、岩手県と青森県の県境にやってきた。長かった岩手県がようやく終わった。

方言もだんだん分かりづらくなる。岩手県の人は、青森県の人の言葉が分からないと言う。えっ？　東北ではみんな東北弁かと思いきや……。

りんご畑、さくらんぼ、にんにく畑が広がって、やっぱり青森なんだなあ。

三戸では、南部せんべいを焼いているお店を見せてもらい、お勧めの甘いせんべいを買った。三戸の町に着いてから、駅までがかなりあって、また電車に間に合わなくて1時間ほど待つこととなった。今度は、「青い森鉄道」で、八戸へ。

八戸は、海に近いので、魚介類が新鮮で豊富。自分の大好きなウニ、それも「バフンウニ」「活あわび」が食べられて、大満足。

三戸着17時5分。

歩行距離　34・5キロ

19 三戸～浅水宿～五戸～十和田

２００８年5月22日（金）

三戸6時30分出発。

早い電車で、八戸から三戸へ。だあれも乗ってこない、田舎路線だ。

大した雨ではない。今日のルートは途中に宿がないので、どうしても30キロ以上の道のりとなる。10時には、一つの山をクリアーした。問題は、次の峠だ。道路を歩くとかなりの遠回りだ。丁度ポリボックスがあったので寄って、どの程度の道なのか尋ねたが、奥州街道さえ分からないという。もう、頼りにならないなぁと、ぶつくさ言いながら歩いていたら、その様子を見ていたおばちゃんが、丁寧に説明してくれた。自分の家の前が、明治天皇がお休みになった所であることも、その街道（ひよどり坂）がきれいで、写真家が撮ったというはがきまでくださった。ほんとに親切である。でも「さっきのお巡りさんは、知らなかった」と言うと、まだ、この春に赴任してきたばかりだという。納得。雨も止みかけて、緑が一段と鮮やかで、写真に収めたくなる光景だった。

問題なく五戸に到着。ここ五戸の宿場は、しっかりと残っていて、重要文化財となっている

昼からもしばらく雨がしとしと降り続いた。でも、気温は丁度良く歩きやすかった。

1時30分、十和田市に入る。材木が豊富で、お墓の塔婆が、すごく立派で大きいのには驚いた。

十和田の町は、想像以上に大きな広い町だった。今日の宿は、偶然にも新しいホテルを街道筋に見つけた。

ここは、新渡戸稲造の出身地でもある。

十和田到着16時30分。

歩行距離　32・5キロ

20

2008年5月23日（土）
十和田〜七戸〜野辺地

十和田出発6時40分。

今日も雲行きが怪しい。カッパを着込んで傘を時々さしながらとなった。真っ黒い雲の合間から、八甲田山が時々顔を覗かせる。ついにここまで来たのだ。新田次郎の「八甲田山死の彷徨」を読んで、感動を覚えて登ったのは、いつだったろうか？　早く全貌を見せて欲しいが、今日はきっと無理だろう。

8時40分、七戸町に入った。街道との分岐点で、「駒饅頭」を見つけた。今回は、お茶まで出してくれ、店先に椅子があって、食べていくよう勧めてくれた。ちょっとでも腰掛けられるのは、ほんとにありがたい。そこは、人情で、余分にまた買ってしまう。「アピオス」という芋のようなのを、甘露煮にした菓子と「黒にんにく」も買った。青森にんにくを熟成させたもの。酒のつまみにはよい。

七戸の新幹線の駅が工事中だった。早く青森まで開通して欲しいものだ。

道路脇には、防雪用の鉄枠が延々と巡らしてあった。昔の南部鉄道が走っていた跡もあった。

今夜も一昨日泊まった八戸まで電車で。ところが、さすがに東北線、1時間30分待ちとなった。もうここまで来ると、いらいらしても始まらない。のんびり、ゆったりムードでいかなくっちゃ。駅の休憩所で、地元の人たちの会話を聞いていたのだが、これが、皆目聞き取れない。やっぱり、ここは外国だ??

野辺地到着15時30分。

歩行距離　30キロ

21

2008年5月24日（日）
野辺地〜浅虫温泉

八戸6時〜野辺地7時出発。

野辺地の駅には、日本最初に作られた駅防風林がある。今も健在。駅前に立っていた常夜灯は、作り物。本物は、海のそばに立っている。これからは、ずっと海岸線を歩くことに。丁度ホタテのシーズンで、浜は網で一杯。ホタテの基地で「ホタテ街道」とも呼ばれている。昼時になっても店もなく、ホタテが食べたい！と思っていたら、目の前にレストランが現れ、それも「ホタテ料理」満載で、刺身、揚げ物、煮物、焼き物とホタテ三昧だった。「思えば、叶う」とは、このことだ。

今日の気温は寒いが着るものがない。３日ほど前だったか、相棒がもう不要だと捨てたのだ（軽いのがいいと、カシミアのセーターだったのに）。仕方ないので、カッパを着込んだ。歩けば温もるといっても、海風は寒く感じる。

ついに、東京から７００キロを通過。

浅虫温泉といえば、有名な温泉だから、明日は泊まりたいねと旅館を物色したが、思う宿が見つからず、電車で青森に向かった。

浅虫温泉駅到着16時30分。

歩行距離　31キロ

22 浅虫温泉～青森

２００8年5月25日（月）

浅虫温泉出発８時30分。

今日は、12キロほどの距離を歩けば、奥州街道終点青森に着く。ゆっくりの出発だ。今日もきれいな海岸沿い。こんな辺鄙な所まで、ず～とず～と明治天皇は、視察されている。交通機関も何もない時代だというのに。で「自分たちは、さしずめ平成の天皇、皇后だね。

付き人はいないが」とおこがましくも笑いながら話した。
松並木、番所跡なども残っている最後の街道をひたすら青森へ向けて歩いた。
はてさて、このまま行けば、お昼には優に到着する。今夜も青森泊を予定しているが、相棒が、「せっかくだから、レンタカーで竜飛岬までいこうか？」
早速、レンタカー会社に電話を入れ、お昼過ぎに用意してくれる手はずとなった。

もうだらけていた歩みが一気に活気づいた。それにもう一つ、とっても幸せなことが待っている。「大間のマグロ」を食べさせてくれる店を、昨日見つけたことだ。ちょっと早いが（11時30分着）、寿司屋に飛び込んだ。突然、「大間のマグロください」といったら、ちょっとびっくりしたような顔をされたが、「大トロ」を握ってくれた。口の中で、一瞬でとろけていった。街道歩きの最後というタイミングで、最高の出来栄えとなった。
青森駅12時。

五街道を終え、二人の街道歩きは、終わった。

よくここまで歩いたものだ。1年4か月で。

そして、全国の皆さんの住んでいる県、町、家のそばをお邪魔したかもしれません。

どなたかにお会いしたかもしれません。ほんとに色んな出会いがあり、素敵な体験と思い出作りができたことに感謝いたします。

その後山陽道も歩いて、本州徒歩の縦断を果たすことができました。

最初は、そんな大それたことは、微塵も考えていなかったのに、こうして、二人で元気に無事に歩き終えたことは、幸せだなあと思っています。

完

後記

「nana」は、飼っていたシェルティ犬の名前。

私の名前は、「よし津」ヨシズです。聞き慣れない名前で呼びにくいので、呼びやすい可愛い名前を借用していて、今では、ニックネームとなっています。

でも決して自分の名前が嫌いなわけではなく、むしろ世界に一人だけの名前だと誇りに思っています。産まれた吉備の地にある、「吉備津神社」の、吉備津様の、吉を「よし」と読ませて備（美）抜けの「ヨシズ」と、父が命名しました。

そして、すでに恐れ多くも「吉祥」と入った戒名まで、つけてもらっています。

昔からちょっと変わっていて、人と同じことをするのが好きではなく、思い立ったらすぐに行動を起こして、随分失敗の多い人生だったかもしれません。

そんな性格が、全国を北から南まで踏破させてしまったのでしょう。

尚自分の趣味である、自然、花、野鳥を見聞きしたことを交えて、街道歩きの必須、食べること（酒、名物）、宿探し、人との出会いについて多く記述しています。

今回は、五街道ですが、その後、山陽道、薩摩街道、北海道、萩往還、出雲街道、伊勢街道、水戸街道などを歩いています。

四国88箇所巡りで、讃岐を歩き終えた時点で、相棒とのコンビが、解消となってしまいました。２０１５年2月、ガンで一人だけ違う、帰ることのない旅へと出かけました。

最後まで、気丈に文句一つ言わず私に付き合ってくれた主人には、ただ感謝あるのみです。ありがとう相棒。

また全国を車や電車で回り、海外では、マダガスカル、カナダ、エジプト等多くの国々を訪れた紀行文をブログに写真と共に載せています。

そして、今は趣味として、花、木、野菜、果物等を育ててガーデニングを楽しんでいます。花や旅、登山に興味のある方は、ぜひブログ「nanaの気まぐれエッセイ」を読んでいただけると、嬉しいです。

〈著者紹介〉
松田よし津（まつだ よしず）
1945年、岡山県で生まれる。旅行が好きで、日本全国のみならず、アラスカやマダガスカルなど多くの国々を旅して周る。2007年から街道歩きを始め、五街道を皮切りに、北海道から鹿児島まで全国の旧街道を踏破する。その他にも、山登り、ゴルフ、バードウォッチング（日本野鳥の会会員）、ガーデニングなどが趣味。

nanaの気《き》まぐれエッセイ
～五街道《ごかいどう》を歩《ある》く～

2023年10月27日　第1刷発行

著　者　　松田よし津
発行人　　久保田貴幸

発行元　　株式会社 幻冬舎メディアコンサルティング
〒151-0051　東京都渋谷区千駄ヶ谷4-9-7
電話　03-5411-6440（編集）

発売元　　株式会社 幻冬舎
〒151-0051　東京都渋谷区千駄ヶ谷4-9-7
電話　03-5411-6222（営業）

印刷・製本　中央精版印刷株式会社

検印廃止

Printed in Japan
ISBN 978-4-344-94621-7 C0095
幻冬舎メディアコンサルティングＨＰ
https://www.gentosha-mc.com/